KINZAI バリュー叢書

ゼロからわかる

事業再生

松嶋　英機［編著］

横山 兼太郎［著］

一般社団法人金融財政事情研究会

はじめに

本書は民事再生法や破産法などの倒産法の解説書ではない。また、経営危機に陥っている企業をいかにして再生させるかという経営書でもない。ましてや、弁護士歴四三年目に入った弁護士の事業再生自慢話でもない。それらの本を読みたい人は書店に行くかインターネットで探せば、直ちに素晴らしい類書を入手できる便利な世の中である。もし、筆者があえて類書を出版するとすれば、身の程も知らない傲慢な人間と批判され、貴重な紙資源を浪費し、そのうえ、環境汚染の一因になり百害あって一利なしといわざるをえないであろう。

日本経済は二〇〇八年（平成二〇年）九月のリーマン・ショック以来、低迷続きで、暗いトンネルの出口がみえない状況が続いている。中小企業金融円滑化法が二〇一三年（平成二五年）三月末日で期限切れとなり、返済条件の緩和を受けてきた三〇万社ないし四〇万社ともいわれる中小企業の行方が心配されている。一方では二〇一二年（平成二四年）の一年間だけでも五社（グループ）の上場会社が倒産している。新政権による景気回復策も厳しい財政の下では有効な対策はなかなか困難である。日本国の借金は毎年ふえ続け、一、一〇〇兆円にならんとしており、赤字会社の自転車操業と似た実態である。

このような世の中では今後多くの人たちや企業が「事業再生」という言葉にぶつかるに違いない。そのぶつかり方も出会い頭であったり、予想どおりであったり、はたまた意図的であったりするかもしれない。

そのようなときに有効適切に対応するためには、事業再生あるいは倒産という状況や今後の経営的対応または法的手続についての基本的な理解が役に立つと思われる。

本書は一般の人にはやや理解しがたい事業再生・倒産現象の社会的、経済的初歩的理解と倒産手続の鳥瞰図的基礎的理解を提供することを出版目的としている。したがって、難解な法律用語や倒産法の条文などはできる限り使用しない方針とした。

本書が事業再生・倒産に関する入門書として少しでも読者の役に立てば望外の幸せである。本書の第1章から第4章までと第9章は弁護士・松嶋英機が執筆し、第5章から第8章までは弁護士・横山兼太郎が執筆し、全体を通して弁護士・松嶋英機が調整した。

本書の出版については一般社団法人金融財政事情研究会出版部の田島正一郎氏には多大なご協力を賜わった。本書の執筆は中小企業金融円滑化法の期限切れ前に始まり、期限切れ後に完了したので、何回も訂正を余儀なくされた。その分、同氏に苦労をおかけしたものであり、ここに深く感謝申し上げる次第である。

二〇一三年四月二六日

弁護士　**松嶋　英機**

【執筆者紹介】

松嶋　英機（まつしま　ひでき）

西村あさひ法律事務所　パートナー弁護士
東京弁護士会（一九七一年登録）
主な業務分野は、一般企業法務、M&A、事業再生／倒産

一九六六年　中央大学法学部法律学科卒業
一九八七－一九八九年　東京弁護士会司法研修委員会　合同講義講師（倒産法）
一九九一、一九九六年　東京弁護士会法律研究部倒産法部　部長
一九九七－二〇〇五年　日本弁護士連合会倒産法改正問題検討委員会　委員
一九九八－二〇〇四年　東京弁護士会倒産法改正対策協議会　委員
一九九八年　通商産業省倒産法制研究会　委員
二〇〇二年－　事業再生研究機構　理事
二〇〇三－二〇一三年　事業再生実務家協会　代表理事
二〇〇三年－　全国倒産処理弁護士ネットワーク　理事
二〇〇四－二〇〇六年　新潟大学大学院実務法学研究科　非常勤講師
二〇〇四－二〇〇九年　東京地方裁判所　調停委員
二〇〇五年－　沖縄事業再生研究会　理事
二〇〇六－二〇〇七年　中小企業再生の今後の政策的課題に関する研究会　座長（中小企業庁）

二〇〇六－二〇〇八年　足利銀行の受皿選定に関するワーキンググループ　委員（金融庁）
二〇〇六－二〇〇七年　事業再生人材育成促進事業第三分科会　委員（経済産業省）
二〇〇七年　地域力再生機構（仮称）研究会　委員（内閣府）
二〇〇七年－　中小企業再生支援全国本部アドバイザリーボード　委員（中小企業庁）
二〇〇八年－　金融機能強化審査会　委員（金融庁）
二〇〇九年　地域建設業支援緊急対策調査事業委員会　委員長（国土交通省）
二〇一〇－二〇一一年　中小企業の再生を促す個人保証等の在り方研究会　座長（中小企業庁）
二〇一一年　個人債務者の私的整理に関するガイドライン研究会　委員（金融庁）
二〇一一年－　金融機能強化審査会　会長（金融庁）
二〇一一年－　個人版私的整理ガイドライン運営協議会（一般社団法人個人版私的整理ガイドライン運営委員会）　委員
二〇一二年－　株式会社東日本大震災事業者再生支援機構　社外取締役
二〇一二年－　事業再生関連手続研究会　顧問（経済産業省）
二〇一三年－　中小企業における個人保証等の在り方研究会　委員（中小企業庁・金融庁）
二〇一三年－　株式会社地域経済活性化支援機構　社外取締役
同　地域経済活性化支援委員長

【論文／書籍】
「倒産処理手続と担保権」『弁護士研修講座―昭和六二年度講義録』

「リース料債権と倒産法上の取扱い」ジュリスト№一〇三六（一九九三年一二月一五日号）
「会社更生手続における転根抵当権の取扱い」ＮＢＬ№五七九
『良い倒産・悪い倒産』（講談社）
「事業再生の焦点　日本におけるプレパッケージ型申立ての問題点」銀行法務21№六三一
「金融機関の法的再建手続」『会社更生法・民事再生法〔新・裁判実務大系21〕』（青林書院）
「民事再生手続における債務者の公平誠実義務と中立代理人」『企業再建の真髄』（商事法務）
「第７章　再生計画　第１節　再生計画の条項　第１５４～１５７条」『条解　民事再生法〔第２版〕』（弘文堂）
『事業再生ＡＤＲの実践』（商事法務）
『民事再生法入門〔改訂第３版〕』（商事法務）
「事業再生ＡＤＲの現状と今後の課題」法律のひろば№六三(九)（二〇一〇年九月号）
『企業倒産・事業再生の上手な対処法〔全訂２版〕』（民事法研究会）
「デリバティブ取引により生じた損失に係る債権と事業再生ＡＤＲ手続上の取扱い」金融法務事情№一九六五（二〇一三年三月一〇日号）
『金融債権者から働きかける法的整理の実務』（経済法令研究会）
『ゴルフ場の事業再生』（商事法務）
「第三セクター・地方公社の最終処理と地方公共団体・金融機関の諸問題」季刊事業再生と債権管理№一三七（二〇一二年七月五日号）

横山　兼太郎（よこやま　けんたろう）

西村あさひ法律事務所　弁護士
東京弁護士会（二〇〇七年登録）
二〇〇三年　東京大学法学部第一類卒業
二〇〇五年　東京大学大学院法学政治学研究科修士課程修了
二〇一二年－　東京弁護士会法律研究部倒産法部　執行部

［論文／書籍］
「事業再生ADR手続中の会社分割と信用保証協会の求償権への対応」季刊事業再生と債権管理No.一四〇（二〇一三年四月五日号）
『金融債権者から働きかける法的整理の実務』（経済法令研究会）
「第三セクターに対する融資と損失補償契約の効力についての裁判及び倒産・再生処理上の諸問題」判例時報No.二一〇六（二〇一一年五月一一日号）
「法的倒産手続下の債権譲渡と過払金債務の取扱い～債権譲渡担保・流動化との関係によせて」季刊事業再生と債権管理No.一二九（二〇一〇年七月五日号）
『会社法・金商法実務質疑応答』（商事法務）
「事業譲渡・会社分割における契約上の地位・保証・物的担保の円滑な移転」旬刊商事法務No.一八七五（二〇〇九年九月五日号）

目次

第1章　わたしたちの暮らしと事業再生

第2章 なぜ、会社再建ではなく事業再生が必要なのか

第3章 事業再生を支える専門家集団

第4章 事業再生をめぐる逆説的常識

第6章 再生型法的倒産手続の概要

第7章 私的整理手続の概要

第8章 複合型の事業再生手続

第9章 これからの事業再生

第1章

わたしたちの暮らしと事業再生

1 新聞報道にみる経営危機・倒産

(1) 「中小支援、事業再生に軸」

いわゆる「平成の徳政令」といわれた「中小企業金融円滑化法」は二〇一三年(平成二五年)三月三一日をもって終了した。新聞記事によれば本法により借入金の返済猶予等を受けた中小企業は三〇万社から四〇万社あり、そのうち五万社から六万社は事業再生や転業が必要とされる。遠慮なくいえば倒産の可能性があるということである。中小企業は約四二〇万社あり、日本の雇用の七割を支えるということだから、円滑化法終了後の対策いかんがわたしたちの暮らしに与える影響は深刻である。今後数年間は日本政府の政治・経済問題の重要な一つであることは間違いない。

政府は①認定支援機関による二万社の経営改善計画の策定支援、②全国の中小企業再生支援協議会による一万社の経営改善、③地域経済活性化支援機構による事業再生等(予算一兆円)のあらゆる対策を講ずる。

日本経済新聞2013年３月２日朝刊

中小支援、事業再生に軸

６万社想定　倒産急増を警戒

返済猶予を柱とする中小企業金融円滑化法が、３月末に期限切れを迎える。政府は金融支援から事業再生に軸足を移す構えだ。金融庁によると円滑化法を活用する企業は30万～40万社あり、事業再生や転業が必要な会社は５万～６万社とみられる。官民の対応次第で、日本の雇用の７割を支える中小企業に深刻な影響を与える恐れもある。

円滑化法、今月で終了

十和田湖で遊覧船を運航する十和田湖観光汽船（青森市）。円滑化法を活用していたにもかかわらず、昨年に民事再生法の適用に追い込まれた。乗船客が減る中で過剰な債務に苦しみ、金融機関からの返済猶予でしのいできた。11年の東日本大震災や原子力発電所の事故の後は観光客が激減し、資金繰りが悪化した。

松橋泰彰社長は追加融資を受けるため金融機関を回ったが「『返済猶予を受けているから』と断られた」と語る。客足の鈍る冬季を運休にするなど業務を効率化し、再建を目指すという。

円滑化法の対象であっても倒産する企業が増えている。帝国データバンクの調べでは今年１月までで累計で653件。常に前年同月の水準を上回っている状態だ。

政府は円滑化法の期限後に倒産が急増しないよう、事業再生の支援策を強化している。経済産業省は来週にも、全国の中小企業再生支援協議会に「経営改善サポートセンター」を設置する。

町工場や商店などの中小・零細事業者は独力で経営改善計画を作るのが難しい。国からの認定を受けた税理士や弁護士らがセンターを訪れた経営者と改善策を話し合う。対象企業は２万社を想定。計画にかかる費用のうち３分の２を国が補助する。税理士や弁護士ら総勢４千人を対象に、どういう助言が適切なのかを巡り研修会も開く。

やや規模の大きい企業には会計士や金融機関ＯＢからなる中小企業再生支援協議会が直接、信用保証協会や政府系金融機関とも調整する。協議会の専門家を170人規模で増員し、全国で３千件の支援を目指す。

中堅企業の再生は企業再生支援機構を改組した「地域経済活性化支援機構」が手掛ける。総額１兆円の出融資枠を活用して財務体質の改善や売り上げ増を支援する。

対策が十分かどうかは不安も残る。「参院選後に政策スタンスが変化し、倒産が増えるリスクが考えられる」（帝国データバンク）との見方も出ている。金融庁は金融機関に今までと同様の融資姿勢を求めるが、対応が未知数な面もある。

中小企業関係者との会合で挨拶する安倍首相（中）（２月27日、東京都大田区）

円滑化法の期限切れに伴う対策

経営改善計画の策定支援
会計士や弁護士、中小企業診断士らを活用。２万社を対象に「経営改善計画」を作る
再生支援協議会を強化
全国の「中小企業再生支援協議会」に専門家を派遣。3000社の経営改善をめざす
地域経済活性化支援機構
企業再生支援機構を改組。機構からの出融資１兆円を活用して事業再生に取り組む

▼中小企業金融円滑化法　2009年に当時の亀井静香金融相が主導して成立した。銀行や信用金庫、信用組合などは中小企業から申し込みがあれば、返済猶予など貸し付け条件の変更にできるだけ応じるよう求めている。これまで２回延長し、３月末に期限を迎える。貸し渋りや貸しはがしを理由にした企業の破綻が減った半面、経営力の弱い企業の温存につながったとの批判もある。

いわゆる出口戦略である。関係者として出口戦略の成功を祈るばかりである。債権者である金融機関も引き続き支援体制を継続するとのことであるが、経営の抜本的改革をせずに単なる返済の繰延べ（リスケ）を続けるようでは地域経済の活性化をもたらさない危険性がある。

(2)「全資産の没収 防止へ」「個人保証 金融機関を規制」

中小企業が金融機関から、設備投資資金、運転資金など名目を問わず借入れするときには、必ずといっていいほど経営者から個人保証をとる。さらには経営が悪化するにつれて、保証人が追加され、経理担当の役員をはじめとする経営者の身内でもないほかの役員も保証を求められる場合もあった。ひどいときには経営者の友人知人すら保証人になっているケースもある。そういう筆者ですら、弁護士の業務として行っていた会社再生の仕事の関係で二回連帯保証をしたことがある。三〇年くらい前のことで、金額はいずれも一、〇〇〇万円台であった。一回目は某業界の臨時理事会に代金支払のために提出した受取手形についてである。社長と私が保証しなければ理事会は承認しないということであり、それは倒産を意味する。二回目はメーカーの工場の未払電力料金についての保証である。私の印鑑証明書添付の保証書を出さなければ電力を止めるというのであり、これも倒産を意味する。なぜ、弁護士が業務の関係で印鑑証明書まで出すのかと事情を知らない女房に責められたが、従業員の生活や取引先のこと、それに私の意地もあって保証せざるをえなかったのである。

会社が倒産すれば個人資産の何十倍、何百倍もの借入金の連帯保証の責任を追及される。

そのために保証人が夜逃げをしたり、自己破産したり、自殺までしたりする例も多い。少なくとも人間関係はズタズタに断絶する。そういう結果が目に見えているので、経営者自身は刀折れ矢尽きるまで頑張り続け、傷口を深くして倒産に至り、夜逃げや自殺に追い込まれることもまた多いのである。経営者のなかには、早めに白旗を上げるのは卑怯であり、自分の日本人としての美学にあわないと思っている節もある。

現在、政府をあげて個人保証を制限する方向である。一二〇年ぶりに民法を改正する作業が進行中であるが、二〇一三年（平成二五年）二月二六日付公表の法改正中間試案でも個人保証は経営者だけに限定する方向であり、過大な保証債務の減免も検討されている。

何びとも生活は保障されなければならないし、一定の財産を残してほかのすべてを保証

朝日新聞2013年１月18日朝刊

全資産の没収 防止へ

個人保証 金融機関を規制

政府は、金融機関が中小企業の経営者にお金を貸すときに求める「個人保証」の規制を強化する。経営不振で返済できなくなった経営者から資産をすべて取り上げないよう、今春をめどに金融機関の行動指針（ガイドライン）をつくり、指導する。経営者の再出発を後押しするのがねらいだ。

政府が中小企業支援

個人保証は、中小企業がお金を借りるとき、経営者らの預金や自宅、車などの私有財産を担保に差し出すなどして、返済を約束すること。返せなくなった場合は、財産が処分され、返済にあてられる。だが、こうした慣行は、経営者の再起をはばみ、新たに事業を始めようとする人を尻込みさせるとの批判が出ていた。

「再チャレンジ」を重視する安倍内閣は、11日に決めた緊急経済対策に「個人保証の見直し」を明記。金融庁と中小企業庁は、中小企業が借金を返せなくなっても、経営者や家族の生活に最低限必要な資産（自宅や車など）だけは、取り上げられないようにする方針だ。経営者の資産や収入に応じて、担保の総額に上限を設けることも検討する。

また、一部の銀行しか導入していない「停止条件付き個人保証」という融資方法を、銀行界全体に広げるよう促す。保証契約書に法令順守や決算の正確な報告といった条項を設け、これを守っている限り、経営者に個人保証の責任が発生しない仕組みだ。

今回の措置は、中小企業の借金返済を猶予する「金融円滑化法」が3月末に期限切れになるのに伴い、倒産が増えるのを避けるねらいもある。

（鯨岡仁、伊沢友之）

債務の弁済に充ててしまえば、それ以上の保証債務は免除されるべきである。そしてまた、一から出直すチャンスを与える、すなわち再チャレンジの機会を与えることが個人にとっても地域経済の活性化にも役立つであろう。

ただ残念なことに中小企業（なかには大企業もある）の財務内容はいい加減（悪くいえば粉飾決算）なものが多い。経営者も公私混同が多い。会社より経営者の財産が多い場合もあり、これでは金融機関としても経営者や身内の保証を要求せざるをえなくなる。

朝日新聞2013年３月１日朝刊

エルピーダの更生計画認可

東京地裁　弁済率平均45％

■エルピーダの更生計画を巡る動き

2012年２月	会社更生法の適用を申請
３月	東京地裁が更生手続き開始決定
７月	支援企業に米マイクロンを選定
８月	東京地裁に更生計画案を提出
10月	更生計画案への賛否投票開始
13年２月	投票締め切り、計画案可決 東京地裁が更生計画を認可
13年前半	マイクロンの完全子会社に（予定）
19年	すべての弁済が終了（予定）

会社更生手続き中の半導体大手エルピーダメモリは28日、更生計画が東京地裁から認可されたと発表した。昨年2月の経営破綻《はたん》から1年で、同業の米マイクロン・テクノロジーの傘下で再建することが正式に決まった。債権者への弁済率は平均で45％となる。

マイクロンは6月までにエルピーダに600億円を支払い完全子会社にする。さらに2019年までに計1400億円のもうけが出るよう、エルピーダに製造を委託する。こうしてエルピーダがマイクロンから受け取る計2千億円が、債権者への弁済に充てられる。

エルピーダの負債は計4400億円で平均の弁済率は45％。ただ、担保を持つ債権者には100％弁済するのに対し、担保がない一般の債権者への弁済率は約17％にとどまる見通しだ。

エルピーダは秋田、広島両県と台湾にあるDRAM工場の稼働を続け、約6千人の雇用も当面維持する。価格競争が激しいパソコン向けの生産は台湾に移すことで収益性を高める計画だ。

（田幸香純）

(3)「エルピーダの更生計画認可」

日本を代表した半導体大手企業であったエルピーダメモリは、二〇一二年（平成二四年）二月破綻し東京地方裁判所に会社更生の申立てをした。そして一年後、同業の米国企業マイクロン・テクノロジーに買収されたのである。エルピーダメモリは二〇〇九年（平成二一年）にも経営危機に陥り、政府が三〇〇億円の出資をして一度は救済したうえでのことである。同じく半導体大手のルネサスエレクトロニクスの救済についても官民ファンドによる二、〇〇〇億円の出資が検討されている。ソニー、パナソニック、シャープなど日本を代表する電機メーカーも経営上の問題を抱えている。工場の閉鎖、希望退職の募集、事業の一部売却など従業員や地域社会にとっては一大事である。ついにシャープは宿敵であった韓国のサムスンと提携するとのことである。日本の超一流企業はいったいどうしたのか。中国や韓国の企業と比較して、日本の企業は大胆さとスピードが欠けるように思われる。やれ、コンプライアンスだ、やれ内部統制体制だ、やれ会社は株主のものだ、ついには取締役の善管注意義務違反による損害賠償だとわめいているうちに競争相手は先を走っているようだ。

2 大企業の倒産は放置してよいか

大企業の景気がよければ雇用も拡大し、その下請企業や取引先の仕事も活況を呈し、昨今の悲惨な就活も昔話となるだろう。個人消費も活発となり、国の税収も増加し赤字国債の発行額も減少するに違いない。日本経済は世界経済と連動しているので、日本の大企業の景気がよいということは日本の大企業が世界経済のなかで上手に戦っているということであろう。

現状はだれがみても前述と逆の状態に陥っているのではないか。二〇〇八年（平成二〇年）九月のいわゆるリーマン・ショック以降、日本経済は不況続きで現在は最悪の状態である。ソニー、シャープ、パナソニックなどの日本を代表する大企業の巨額損失発表などまったく信じられない事柄であった。半導体関連のエルピーダメモリは会社更生となり、ルネサスエレクトロニクスは官民ファンドである産業革新機構の支援を受けて再生を目指そうとしている。政府の現今の最大の政治目標は景気回復に尽きる。就職を希望する大学生が一〇〇社に採用面接の申込みをしても一社からも面接予定の連絡がない、というのは信じがたいことである。一部の大企業を除けば多くの大企業が苦しい経営を強いられており、現在は冒頭に述べた大企業の景気がよいときの状態とまったく逆の状態にあるといえるのではないか。

ところで「大企業の倒産は放置してよいか」と問われれば、筆者は大企業の倒産放置の悪影響は計り知れないので次のように答えることにしている。

① 再生か清算かその処理方針にメリハリをつけるべきである。

② 再生にせよ清算にせよその処理手続は会社更生、民事再生、破産、特別清算などの法的手続か地域経済活性化支援機構（旧企業再生支援機構）、事業再生ＡＤＲほかの法的に制度化されている私的整理手続によるべきである。

③ 株主責任、経営責任を明確にするべきである。

④ 融資、出資等の必要資金について、政府の支援があってもよいが、政府は処理にメドがついた段階で早期に経営権を明確に民間へ移行するべきである。

二〇〇三年（平成一五年）に設立された官民ファンドである産業再生機構はカネボウやダイエー等の再生を支援し、大型不良債権の処理を行い、予定より一年前倒しで二〇〇七年（平成一九年）に解散・清算を完了し消滅している。この種の組織はいったん設立されると予定どおり店じまいすることは珍しい。メリハリの利いた稀有な例というべきであろう。

3 中小企業の倒産は放置してよいか

マスコミや一般の人たちは日本航空（ＪＡＬ）やエルピーダメモリ等の大企業の倒産については大騒ぎするが、中小企業の倒産については一社一社の倒産の影響が小さいので軽く考えがちである。しかし、たとえは適切ではないが塵も積もれば山となるのである。中小企業の倒産が続出すれば大企業の経営も悪化するが、むしろ大企業の経営が悪化するから中小企業の倒産が続出するのである。

日本の中小企業数は四二〇万社といわれ、全企業数の九九パーセント強を占める。また、従業員数は全労働者数の七〇パーセントを占めるといわれる。二〇一一年（平成二三年）三月一一日発生の東日本大震災でわかったことだが、東北の一中小企業の生産停止が大企業の生産業務に致命的な支障を与えることもあるのが日本の産業構造である。自動車にせよテレビにせよ、その製造は大企業、中堅企業そして中小企業の協力によって成り立っている。したがって部品を製造する中小企業が倒産すれば大企業の工場の生産ラインが停止することすらあるのである。いわば大企業と中小企業は車の両輪であり、小さい企業だから倒産しても放置しておいてよいというものではない。

ここで読者は疑問に思うかもしれない。すなわち、二〇〇八年(平成二〇年)九月のリーマン・ショック以降現在に至るまで大企業がいくつも倒産して不況だというのに倒産件数は減少することはあっても増加していないではないかと。

帝国データバンクの統計資料(全国企業倒産集計二〇一三年(平成二五年)二月報)によれば二〇〇八年(平成二〇年)から二〇一二年(平成二四年)までの倒産件数の推移は左記のとおりである。

二〇〇八年(平成二〇年)　一二、六八一件
二〇〇九年(平成二一年)　一三、三〇六件
二〇一〇年(平成二二年)　一一、六五八件
二〇一一年(平成二三年)　一一、三六九件
二〇一二年(平成二四年)　一一、一二九件

右の倒産件数の少なさは政府の中小企業金融円滑化法や特別保証制度等による政策によって現実の倒産を先延ばしにしている結果にすぎない。

このような政府の諸政策は「中小企業の倒産は放置してはならない」という決意の表れ

でもあるが、後記４に述べるとおり喜んでばかりおれない弊害もあるのである。

4　経済活動からみた健全な社会とは

(1)　中小企業金融円滑化法の功罪

中小企業者等に対する金融の円滑化を図るための臨時措置に関する法律（以下「金融円滑化法」という）は二〇〇九年（平成二一年）一二月から二〇一一年（平成二三年）三月までの時限立法として施行された。リーマン・ショック後の不況対策として資金繰りに悩む中小企業に対し、金融機関からの借入金の元本返済を一年間猶予する議員立法である。借入金の元本返済を一年間猶予すれば、当然資金繰りに余裕ができるのでその間に抜本的な経営改善計画を策定して、以後は普通の経営が可能になることを目的としている。しかし、景気が回復せず、また二〇一一年（平成二三年）三月には東日本大震災が発生したこともあって、期限が一度目は二〇一二年（平成二四年）三月まで、二度目はこれが最後として二〇一三年（平成二五年）三月までと二度延期された。その結果、二〇一二年（平成二四年）九月現在、貸付条件の変更を受けた貸付契約の本数が累計で三四三万七、〇〇〇件となっている。中小企業から条件変更の申入れを受けた金融機関は申入れの九〇数パーセントも受け入れている。一社で複数の金融機関から複数の借入れがあったり、二回も三回も条件変更の申入れを繰り返した中小企業もあるので貸付契約累計数のみでは企業数がわからない。一説によれば条件変更を受けているのは三〇万社ないし四〇万社であり、そのうち五万社ないし六万社が本当に危ないといわれている。しかし借入金の元本の返済を猶予してもらって、一年以内に経営改善計画を策定できずまた延期した企業のうち、かなりの数の企業が、経営が破綻するおそれがあるか、すでに実質的には破綻しているのではないかと思われる。いわば倒産予備軍である。資金繰り難の企業が一度約束手形を切って一時的に資金繰りをつければ、それはもう麻薬と同じで多くの場合使用を止められなくなるのである。五万社ないし六万社のみならず、三〇万社ないしは四〇万社のなかにもこのように経営的にもまた倫理的にも破綻的（モラルハザード）になっている企業があるのではないかと心配している。

金融円滑化法の功罪についていえば、統計でわかるように倒産を極力押え込み、経営難の中小企業に再生のチャンスを与え、この間従業員やその家族の生活を維持し、また取引先にも迷惑をかけなくてすんだことであろう。ついでにいえば平成の徳政令といわれた本法を提案したK大臣も名を上げたことであろう。

しかし、罪がないわけではない。現状は不良債権という泥水が老朽化した水力発電用ダムに溜りに溜った状態となっている。このままだと決壊すること必定なので、政府は「出口戦略」としてまたあらゆる対策を講じているが遅きに失する感もある。延期するとしてももっとメリハリをつけて一年ごとに処理すべきは処理すべきではなかったかと思っている。折しも、二〇一二年（平成二四年）九月より、熊本県八代市の球磨川に五八年前に工事費約三億九、四〇〇万円（ダム工事のみ。ほかに発電所二五億二、〇〇〇万円）で完成した「荒瀬ダム」は、堆積し続けた土砂を心配して日本最初のダム撤去工事が始まったのである。発電所は撤去せず、ダムの一部も残すとのことである。その費用は約八八億円、工事期間は五年半といわれている。

(2) 夜逃げの研究

倒産処理というにはあまりにもひどすぎるのが何もせずに放置して夜逃げすることであ

ろう。

しかし、夜逃げするにはそうせざるをえないだけの個人的、社会的理由があるのである。二〇一一年（平成二三年）一一月初旬、韓国ソウルで日本、中国、韓国の倒産・再生専門家によるシンポジウムが開催された（第四回東アジア倒産再建協会）。そのシンポジウムで中国の弁護士によって「夜逃げの研究」が発表された。正直いってこれには驚いた。日本でも倒産して夜逃げする人もいるし自殺する人もいる。だが、日本の専門家が「夜逃げの研究」論文を発表したり講演テーマに選んだという話は聞いたことがない。講演レジュメの日本語版を読んでみると実に真面目な研究である。中国でもアメリカで発生した二〇〇八年（平成二〇年）のサブプライムローン問題の影響を受けて大量の夜逃げ現象が発生したそうである。本レジュメは「夜逃げ現象の成因」と「夜逃げ危機における救済方法と打開策」に大別されている。中国でも二〇〇六年（平成一八年）に立派な企業破産法が制定され、二〇〇七年（平成一九年）六月一日より施行された。しかし、その運用が日本や韓国に比較して弁護士、裁判所あるいは社会全体に浸透しておらず、手っ取り早い「夜逃げ」につながっているようである。夜逃げは債権債務関係、従業員、取引関係など企業経営に関係のあるすべてのものを置去りにしてどこかへ蒸発するものである。残された社会はとても経済活動からみて健全な社会とはいえない。

(3) 病人が雑踏を歩き回る

中小企業の法的再生手続の代理人をしていたときの話である。取引先から売掛金の回収として受け取った約束手形を銀行で割り引いてもらう交渉をしたが拒否された。銀行の担当者がいうには「御社は倒産した会社であり、たとえ振出人が普通の会社であっても割引人が倒産会社なら割り引くことはできません。倒産会社には何が隠されているかわからんじゃありませんか」と。そこで筆者は「この約束手形は商売上の受取手形であり決済も心配不要です。もし不渡りとなっても間違いなく買い戻します。当社は法的再生手続中の会社であり、財務内容も資金繰りもガラス張りです。むしろ、倒産手続を申請していない会社はいつ何時倒産するかわからないではありませんか。現に、ついこの間までは当社も問題なしとして銀行より手形割引を受けていたわけでしょう。見た目は正常にみえる会社も粉飾決済などで実態は火の車というのが多いと思いますが」と返答し、手形割引を依頼し、結果として手形割引を受けたのである。

日本の中小企業が一部を除いていわゆる粉飾決済をして、何とか表面上若干の利益を計上している企業が多いのは常識といえる。このような企業は金融円滑化法の施行前も施行後も、苦しいながらも毎日事業を継続しているのである。むしろ同法施行後はいつ倒産してもおかしくない企業が膨大な数になっている。経営悪化の程度によっては、人間にたとえればすでに病人になっている企業も存在する。悪性インフルエンザにかかった人は入院したり、薬を飲んで自宅療養するなり、外出する際はマスクをかけるとか対策を立てるだろう。ところが、いつ倒産してもおかしくない企業であっても「当社は危ないですよ」との表示はしないので通常に事業を継続し、借入金も手形割引も買掛金も増加し、倒産したときの取引先の被害は拡大するばかりである。悪性インフルエンザの患者がマスクもせずに街の雑踏を歩き回っている状態と似ているというべきか。

(4) メリハリの利いた新陳代謝

時代の変遷とともに国民の必需品や嗜好品、要求するサービスなども変化してゆく。したがって、企業も時代の変化に応じて自己改革を続けてゆかなければ生き残れない。恐竜やマンモスは絶滅したが、環境の変化にうまく順応してきたゴキブリなどはいまもなお生き残って台所の隅を走り回っている。ソニー、シャープ、パナソニックはなぜこうなったのかと思わざるをえない。

他社と競争しながら時代の変化に応じてゆくばかりか、むしろ時代の変化を先取りしてゆかなければならないがこれは易しいことではない。時代に取り残されて破綻状態になる企業が必ず出てくる。人間の体でも古いものは新しいものに入れ替えてゆかなければ活性化しない。人間の社会にとっても破綻した企業は新しい元気のある企業と入れ替えることが活性化のために必要である。その交代もきっちりとメリハリの利いた処理が重要である。経済活動に関していえばメリハリの利いた新陳代謝とは、整理すべき企業は適切にきちんと整理し、成長すべき企業は成長する環境を整備して支援することであろう。

このことは金融円滑化法後の出口戦略であるソフトランディングが成功するか否かについても妥当するのではないかと考える。

第2章

なぜ、会社再建ではなく事業再生が必要なのか

1 倒産とは何か

(1) 倒産の定義

倒産とは「個人もしくは企業が経済的に決定的に破綻をし、以後、事業の継続が不可能となる状態」といわれる（法律学用語辞典一一八四頁・三省堂）。約束手形や小切手の不渡りを出して銀行取引停止処分を受ければ、事業を継続することがほぼ不可能なので倒産といわれる。また、清算型の破産、特別清算のみならず、再生型の会社更生、民事再生の申立てをした場合も一般的には倒産といわれている。法的再生手続である会社更生や民事再生の場合、マスコミは「○○会社は会社更生（民事再生）の申立てをして事実上倒産した」と報道するのが一般的であった。しかし、最近はこれから再生を目指そうとしている企業に対し「事実上倒産した」という倒産のレッテルを貼ることは世間のイメージを悪くし、再生の支障となるとの批判を受けて、単に「○○会社は会社更生（民事再生）の申立てをした」と報道するにとどめているようである。

(2) 赤字が累積しても倒産ではない

企業の決算でその年赤字になったからといって、事業が継続できている限り倒産というわけではない。ここ数年、最終損失が続き、累積損失額が巨額になったからといっても必ずしも倒産ではない。上場会社の企業情報誌である東洋経済発行の四季報をみれば赤字会社は多数にのぼる。企業はその年の事業利益である営業利益が最も重要である。営業利益が出ず、営業損失であれば本業に収益力がないということだから一大事である。たとえ、不動産や有価証券等の売却益で最終損益がプラスであっても一時的な特別利益は自慢にならないのである。

(3) 債務超過、即倒産ではない

赤字経営が続き累積損失額が増加してゆけばついには債務超過となる。債務超過とは企業の総資産の評価額より総負債の評価額のほうが大きい財務状態である。すなわち、「債務者が、その債務につき、その財産をもって完済することができない状態をいう」(破産法一六条一項)。決算上、形式的には債務超過となってはいるが、資産のなかに帳簿価額より相当に高い資産があるし、逆に保証債務など帳簿に計上されていない簿外の債務がある場合もある。資産・負債の実質的な価値に基づく実態貸借対照表（実態BS）による債務超過か否かは経営上も法的にも重要である。法的にいえば支払不能とか債務超過は企業の破産原因（ただし、合名会社・合資会社は除く）ともなっている（破産法一六条）。しかしながら、債務超過の企業でも資金繰りをやりくりして事業を継続している限りは倒産とはいえない。

逆に債務超過でない企業も、また利益が出ている企業でさえ、資金繰りに失敗し万策尽きて事業を継続できなくなれば倒産するしかなくなる。要するに倒産は直ちにか将来の一定時期かは別として資金繰り困難が直接のトリガー（引き金）となるのである。

2 会社再建と事業再生は同じか

会社が経営危機に陥ったり破綻した場合、「企業を再生する」というのは何を主眼とすべきなのかということである。たとえば事業をグッド部分とバッド部分に切り分け、グッド部分を株主総会の特別決議（会社法三〇九条）によって別の会社へ譲渡し、残ったバッド部分を特別清算（会社法五一〇条以下）によって清算する方法がある。一九九一年（平成三年）にバブル経済が崩壊する前の話だから、もう二〇数年前のことである。筆者とある生命保険会社の審査部長と前記の例を話の種に会社再建とは何かについて議論となった。審査部長は「先生、結局会社は清算してなくなってしまうんでしょう。そんなのは会社再建とはいえませんよ」という。筆者は次のように反論した。「しかし、会社がこれまでやっていた事業は別の会社で継続されているわけだし、従業員だって、取引先だって以前と変わらないじゃありませんか」。

要するに審査部長は法的な〇〇株式会社という形式を主眼にしており、筆者は〇〇株式会社の中身の事業を主眼としているのである。経営者のなかには、この一〇〇年も続いた会社が私の代で消えてなくなるなら、私はどうなってもよい、いさぎよく直ちに破産にしてもらいたいという人もいる。これを日本人の美学と考えているのかもしれない。しかし、〇〇株式会社で働いている従業員、連鎖倒産するかもしれない取引先、多額の貸付金のある金融機関それに一〇〇年もの長い間、世の中の役に立ってきた事業そのものはどうするのか。筆者の友人で会社を残すために自ら命を絶ち、生命保険金で会社を救済した経営者がいる。あまりほめられた話ではないが、この友人には日本人としての美学を感じるのである。

○○株式会社を再建するのか、あるいは○○株式会社の事業を再生するのかという議論は、やはり事業の再生を主眼にすべきと考える。その方法として、事業譲渡や会社分割をして元の会社は清算するほうがベストの場合もある。また、事業の許認可等の関係上、やはり○○株式会社で事業を継続しなければならない場合もある。二〇〇〇年（平成一二年）四月一日から施行された民事再生法一条には「当該債務者の事業又は経済生活の再生を図ることを目的とする」と定められている。また、二〇〇三年（平成一五年）四月一日に施行された大改正後の会社更生法一条にも「当該株式会社の事業の維持更生を図ることを目的とする」と定められており、現在では再生するのは会社か事業かとの議論はほぼ耳にしなくなった。

3 なぜ、会社再建ではなく事業再生なのか

ここでは経営危機に陥っている会社あるいは破綻した会社を再生しようとする場合、会社から事業を切り出して別会社に譲渡し、元の会社は清算する手法を選ぶのはなぜなのかということについて述べる。このような手法を選択するのは別の会社や買収ファンドがM&Aを行うときに多く利用される。その主な理由は次のとおりである。

① 会社には調査（デューデリジェンス）によっては判明しなかった簿外債務があるかもしれない

簿外債務の典型は連帯保証債務である。上場会社の場合は有価証券報告書に保証額が記載されているので予測はできる。しかし、非上場会社の場合は決算書等のどこにも記載されていない。それどころか、銀行からの借入金すら故意に決算書に記載しないで簿外にする例も後を絶たない。借入銀行の数と同じ数の決算書を作成して、提出する先の銀行からの借入金額は正しく表示し、その他の銀行からの借入金額を過少に表示して全体の借入総額を少なくして銀行をだます例もよくある話である。筆者の経験だが、経理部長に対し

「よくもまあ、こんなに何通も決算書をつくって銀行をだましたものですね。銀行は決算書だけでは信用せず、税務申告書も提出してくださいといいませんでしたか」と問いただした。驚いたことにその答えは、「要求されましたから提出しました。しかし、本当の税務申告書の表紙以外は粉飾決算にあわせてあり、本当の表紙をコピーしてくっつけて提出しましたので、決算書と税務申告書の内容は一致しておりますから」ということであった。

簿外債務は会社の債務であり、別会社に事業を譲渡するスキームでは、別会社が引き継ぐ債務を特定して引き継ぎ、それ以外の債務は簿外債務も含めて引き継がないことができるのである。スポンサー企業が経営破綻した企業を買収する場合はこのようなスキームが多く、買収契約書には「表明保証」として、これ以外には隠れた債務はありません、もし、存在したら損害賠償致しますとの条項がある。しかし、破綻した企業、経営者個人に損害賠償せよといってもなかなか困難なことは容易にわかることである。

会社そのものを買収する場合は、簿外の債務といっても会社の債務なので、第三者である債権者に対しては、そんな債務は知らないといっても通用する話ではない。

② 会社にとって不利な契約をしていたり、リスクの高い取引をしていたりすることがある

たとえば契約上の会社の義務に厳しい条件があったりして、いつ何時、会社は債務不履行によって一方的に相手方から契約を解除されたうえ、損害賠償を請求される可能性がある契約である。

このリスクも事業を別会社へ譲渡するのと同様に回避することができる。

③ 会社の株主と縁を切る

会社を再生する場合はその会社の株主をどうするかということが問題となる。経営危機に陥った会社の経営者が第三者の支援を受けて会社再生のために残って陣頭指揮をとる例も少なくはない。この場合でも再生を支援する者からすれば会社の既存の株主は減資するなり、第三者へ株式を譲渡するなりして会社の株主でなくなってもらいたいと考える。ところが法的再生手続ならいざ知らず、私的再生手続においては株主が同意しない限り減資も困難である。任意に無償譲渡することはなおさら困難である。経営者以外の株主は、自分たちは経営責任がない、会社を悪くしたのは社長や専務たちである、よって自分たちの持株は正当な価格で買ってもらうしかない、といって無償提供に協力しないのである。そういうことも考えて会社の株式にはいっさい触れず、中身の事業のみを譲渡や会社分割によって取得するのである。バッド部分のみの会社はいずれ清算するので会社の株式も価値ゼロになるのだが、経営悪化の責任者たる経営者への感情的なもつれもあって合理的な思考をとらないのも日本人的ではある。

④　**従業員・労働組合対策を容易にする**

経営危機に陥ったり倒産した会社は従業員の数、処遇、年齢構成あるいは人材の適正配置等において問題なしとしない。また、労働組合との関係がぎくしゃくしている場合もある。会社自体を再生させるためにはこれらの点についても解決しなければならない。いままでの経営者がこれらのことを改革するのはおそらく困難であり、再生を支援するスポンサーが行うとしても、従業員のリストラでトラブルが発生したり、労働組合との問題で上部団体が交渉に参加したりすれば、再生すべき会社という同じ舞台での交渉なのでやっかいきわまるのである。たとえは悪いがこのような状況を獅子身中の虫に似ているといった人もいるくらいである。会社分割スキームによる場合は、新会社を設立する新設分割でも、既存の会社を利用する吸収分割でも同一の会社の分割なので再生すべき会社に変わりはない。一方、事業譲渡は会社とはまったく別の会社へ会社のグッド部分という中身のみを譲渡するのであって、当然には従業員も労働組合も承継するわけではない。たとえば従業員一〇〇人のうち六〇人のみ採用したいときは六〇人を譲受会社の条件で新規採用することになる。整理解雇の違法性の問題は解雇した会社の問題であり、原則として譲り受けた会社の問題ではない。また、労働組合も当然には承継しないので、新たに採用された六〇人の従業員が新しい労働組合を設立するか否かの問題である。

⑤ 新しい酒は新しい皮袋へ

永年続いた会社を隅々までがらりと変えることはむずかしい。更生会社は原則として経営者も重要な幹部も入れ替わる場合が多く、株式は一〇〇パーセント減資し、新しい株主になる。しかも、現に倒産したのであるから経営改革をしなければ再生できないということは全従業員がわかっていることである。

筆者も更生会社では過去を捨てて、新たな気持ちでチャレンジしなければならないと従業員にも自分にもいいきかせて業務を行ってきた。しかし、更生計画案が認可になってしまえば、どこに隠れていたのか、喉元過ぎれば熱さを忘れたのか、少しずつ会社更生申立て前の悪弊が出てくるのである。滲み出てくるといったほうがぴったりする。器が変わらず昔のままだとその器の底や壁に染みついたものが知らず知らずのうちに滲み出すのである。

やはり、新しい酒は新しい皮袋に入れたほうが心機一転に似つかわしいのである。

第3章

事業再生を支える専門家集団

1 倒産・再生ビジネスの登場

(1) 従来の倒産事件処理

筆者は一九七一年（昭和四六年）四月に弁護士になり、弁護士数人規模の大学の先輩であったS先生の事務所に入れてもらった。ちょうどそのとき、S先生は上場会社であったG興業の会社更生事件の管財人代理をされており、実質的には法律家管財人として事業家管財人とともに会社更生事件のすべてを取り仕切っておられた。もちろん、計数的なことは公認会計士の協力を得て行っておられた。しかし、その公認会計士事務所も現在のような巨大な監査法人事務所ではなく小規模な事務所であった。

当時の法的倒産手続といえば、再生型が会社更生、和議、会社整理であり、清算型が破産、特別清算であった。俗に倒産五法と称されていた。経済活動が現在ほどグローバルでもなく、企業グループの事業も手に負えないほどの複雑さもなかったし、法的手続ということもあって弁護士中心の処理体制であった。

一方、私的倒産手続は再生型にせよ清算型にせよ、現在のように確立された処理手続の準則などまったくなかった。個々の弁護士、公認会計士、税理士等が自己や同業者の経験に基づいた手法で業務を行っていたのである。当然のことながら整理屋といわれる事件屋も暗躍しており、不公正・不公平きわまりない処理も多かったのである。このような状況では債務者会社代理人の信用が重視されることとなり、倒産処理のベテラン弁護士が活躍することとなったのである。そうはいっても、私的倒産手続の代理人には倒産五法の知識、経験が豊富なことが必要であることはいうまでもないが、その他に交渉力、説得力、信用力、柔軟な発想力、それに胆力(度胸)が必要不可欠なのである。それゆえ、前述の筆者の師匠であるS先生はじめ極々少数のベテラン弁護士が大活躍されていたのである。

筆者が弁護士登録した一九七一年(昭和四六年)からバブル経済が崩壊する一九九一年(平成三年)頃までの倒産処理は裁判所は別として再生型、清算型、法的、私的を問わず弁護士中心にして推移してきたといえよう。

(2) バブル経済崩壊後の倒産事件処理

土地高、株高、金利安というトリプルメリットに支えられたバブル経済は、実質的には一九九〇年（平成二年）、鉄骨加工業の共和が二、〇〇〇億円以上の負債で倒産した秋頃より始まったといわれている。その後、不動産会社、ゼネコン、ノンバンク、証券会社、銀行、リース会社、生命保険会社、メーカー、商社等あらゆる業種の会社が続々と倒産したのである。失われた一〇年、あるいは失われた二〇年ともいわれているようにバブル経済崩壊後現在に至るもなお日本の景気の完全復活はないのである。

この間の倒産の特徴は負債が巨額（一兆円以上の負債九社）であり、海外に及ぶ国際倒産であり、金融業、証券会社、生命保険会社等従来の倒産弁護士では理解しがたい特殊な業務内容であった。

さらに再生手法もスポンサーによる再生支援が多くなり、その選定手続も入札方式（ビッド）が常態化してきた。経営改革についても、財務のリストラは従来の債権放棄に加えてＤＥＳ（債務の株式化）やＤＤＳ（債務の劣後化）もあり、事業のリストラについては合併、事業譲渡、会社分割などが多用されるようになった。従来の伝統的な倒産処理と比較して様変わりとなったのである。したがって、弁護士についてだけいっても、倒産弁護士のみで処理できるものではなく、会社法、独占禁止法、労働法、金融法、海外との取引法、海外法等の専門弁護士との協力関係が不可欠となってきたのである。

(3) 倒産企業はビジネスの対象

企業は大企業も中小企業も競争に打ち勝たなければ生き残れない世の中となった。競争に打ち勝つためにはコストダウン、技術開発、ビジネスモデルのチェンジなどを迅速かつ果敢に実行していかねばならない。自社内のみでこれらの改革を進める場合、時間がかかるうえ、あるいは能力や資金不足のため実現しないかもしれない。その間に競争相手に先を越されるかもしれないのである。そこでほしい会社を日本中より探して、いや世界中より探して買収してしまうことが手っ取り早い。M&Aである。

一方、経営危機に陥った企業、破綻してしまった企業は自力で再生することが困難な状況なので、スポンサー企業を見つけてその支援を受けるなり、スポンサー企業へ自社を売却してしまうことが必要となる。これまたM&Aである。M&Aが行われる場合、時には巨額の買収対価が支払われ、また買収する側にも買収される側にも多くの専門家が関与することとなる。すなわち、多くのビジネスが生まれるのである。たとえば筆者が昨日、あるメーカーの代理人として東京地方裁判所に民事再生の申立てをしたとすれば、今日には中立代理人たる筆者に対し、いろいろな専門家から電話が入る。フィナンシャル・アドバイザー（FA）、公認会計士、不動産鑑定士、証券会社、銀行、コンサルタント会社などなどである。「私共では○○会社を買収したいと希望する企業を複数確保しているので買収の仲介をやらせてくれないか」「○○会社は海外にも子会社があるようだが、財務内容のデューデリジェンスを任せてほしい」「再生計画案の策定の協力をしたい」「不動産鑑定を短期間でできる体制をとっている」とかの打診が殺到する有様である。特に法的倒産手続は新聞、テレビ、情報誌で報道されるので、日本中といわず世界中に倒産情報が流れるので海外からの打診もある。いまや倒産企業はビジネスの対象といっても過言ではない。永年勤めていた企業が倒産してしまい、人生を狂わされ、明日からの生活をどうしようかと悩んでいる人もいるというのに、買い値が高いとか安いとか、従業員をもっと削減しろとか、いったい何を考えているのかと怒っても、そんなウェットな一昔前の日本人の考えでどうするんだと逆に怒鳴られる始末となろう。

2 弁護士、公認会計士、税理士、不動産鑑定士、中小企業診断士、司法書士、裁判官ほか

(1) 法的再生手続と専門家

ここに記載した専門家は国家試験に合格することによってその資格を認められた専門家である。裁判官を除けばいわゆる士業といわれる専門家である。企業の法的再生手続はほぼ次の手順で進められ、主に関与する専門家は次に記載したとおりである。

① 再生か清算か、法的手続か私的手続かの方針決定

この場面では税理士、公認会計士、弁護士が関与する。過去の経営実績、粉飾の有無、実態貸借対照表による債務超過額、税務上の繰越損失等を明白にしたうえで方針を決定する。

② 検討資料としての再生計画案と清算貸借対照表の作成

税理士、公認会計士、不動産鑑定士、弁護士が関与することになる。

③　法的再生手続の申立書作成および申立て

この場面では弁護士が中心となり、裁判官との協議が行われる。

④　申立てから再生計画認可まで

一般的には弁護士と裁判官中心の業務であるが、事業譲渡や会社分割、スポンサーの募集などが行われるときには企業の規模にもよるが、後記3記載の専門家も含めて総動員となる。

(2)　私的再生手続と専門家

私的再生手続については第7章で説明するが、現在行われている私的再生手続は特別の法にその根拠が定められている。そして法的再生手続と同様に、手続や再生計画案は公正・公平・透明性、経済合理性および実行可能性が要求される。事業再生ADRを例にとれば、会社更生法や民事再生法に該当するものが「産業活力の再生及び産業活動の革新に関する特別措置法」（以下「産活法」という）および経済産業省令等である。裁判所や裁判官に該当する機関が「事業再生実務家協会と手続実施者」ということになろう。

(3) 清算型手続と専門家

破産や特別清算という法的清算手続は法的手続であるがゆえに弁護士が中心となる。最近では私的清算手続はある程度の規模の企業では少なくなっている。理由は清算を終了（清算結了）するには資産のみでなく負債もゼロにする必要があるから大抵の場合、最後に債権を放棄してもらわなければならない。しかし、債権放棄する債権者の立場、特に金融機関や上場会社の立場からすれば、その私的清算手続が公正・公平に透明性をもって行われ、かつ配当や債権放棄額が妥当であったかが、コーポレートガバナンス、コンプライアンス、税務上重要となるのである。これらを明確に充足する私的清算手続は少ないので、清算手続の足並みがそろわず、また最終的に債権放棄がなされる見込みがないので当初より法的清算手続を選択するのである。

3 フィナンシャル・アドバイザー（FA）、ターンアラウンドマネージャー、サービサー、ファンドマネージャーほか

(1) カタカナ文字表記者の活躍

経営危機・倒産企業を倒産処理する場合、その手続が法的・私的または再生・清算を問わず、フィナンシャル・アドバイザー（以下「FA」という）など英語名の専門家の活躍が顕著である。

特に対象企業が大型化、国際化、グループ化すればするほど、カタカナ文字表記であるFAなどは必要不可欠の存在となっている。FAは公認会計士、MBA資格取得者、M&A専門家、経営コンサルタントなどによってチーム編成されている。米国や英国で経験を積んできた者も多い。FAのFはフィナンシャル（financial）なので、FAの仕事は金融とか財政的なアドバイスのみかと思いきや、実はもっと広範囲である。

私的再生手続である事業再生ADRを例にとれば、対象企業が中堅企業または大企業の

再生計画案のほとんどをＦＡが策定している。内容は財務的なことばかりでなく、事業面、法律面にも及んでいるのである。

ターンアラウンドマネージャーは簡単にいえば再生請負人である。対象企業を買収したファンドは通常は自社で経営能力のある者を雇用していない。そこで、日頃よりターンアラウンドマネージャーともいうべき経営経験者を確保している。ターンアラウンドマネージャーは、ファンドまたは対象企業と一定の期間内に一定の業績をあげることを条件に一定の報酬を受け取る契約をして経営改革に取り組むのである。

サービサーは「債権管理回収業に関する特別措置法」に基づき法務大臣の許可によりビジネスとして不良債権の回収を行う株式会社である。二〇一三年（平成二五年）二月現在九六社のサービサーがある。サービサーは対象企業に対する金融機関の不良貸付債権などを譲り受けて、規制の厳しい金融機関より柔軟な対応をなすことによって対象企業の再生に協力することが可能である。

(2) 弁護士はどこへ行くのか

弁護士と倒産事件の関係について、筆者の弁護士四二年間を振り返れば、その関与の程度は大型事件になればなるほど、全体に占める割合は減少しているのも事実である。

産業再生機構の再生委員長としてカネボウやダイエーなどの再生に辣腕をふるったT弁護士はわれわれ後輩弁護士に対し「このままでは弁護士は倒産事件に不要となるぞ、もっとしっかりせい！」とげきを飛ばすこと久しいのである。

しかしながら、中小企業は当然のことながら中堅企業の一部の経営危機・破綻処理はどんな形態にせよ、従来型の弁護士と公認会計士や税理士を中心とした体制が維持されるのではないかと思われる。なぜならば、これらの企業はカタカナ文字の専門家を利用しなければならないほどのむずかしい問題もあまりないし、ＦＡを利用できるほどの資金的余裕がない。

対象企業の規模が大型化、国際化、グループ化してゆけばゆくほど、弁護士以外の専門家の必要性は増加するが、そうかといって弁護士が不要となるわけではない。法的手続であれば、会社更生、民事再生の再生型にせよ破産、特別清算の清算型にせよ法的部分については弁護士が中心となることは従来どおり変わりがない。しかし、法的手続といえども法律のみで処理できるものではなく、ＦＡをはじめとする弁護士以外の専門家の協力なしには処理手続が進行できない。それでは法的倒産手続ではない私的倒産手続には弁護士は不要かといえばやはり必要不可欠である。

およそ倒産処理手続は、基本原則として再生計画、清算計画も含めて「公正・公平・透明性・経済合理性・実現可能性」が必要とされる。犠牲を強いられる債権者の立場からすれば、株主代表訴訟を受けないコーポレートガバナンスや役員等の善管注意義務違反を問われないコンプライアンス等との関係で前記の基本原則が必要となる。このような基本原則をいったいだれが担保してくれるのか。私的手続といえども倒産処理手続の背景には民法上の詐害行為取消しとか倒産法上の否認権の問題とか、公正とは何か公平とは何かの法的解釈問題も横たわっているのである。法的手続は法律と裁判所があるので債権者も基本原則について一応担保されている前提で対応することができるであろう。しかし、私的手続ではそうもゆかないのでそれにかわる存在が必要となり、それを担うのは弁護士である。正確には筆者を含めて「弁護士であるべき」である。「あるべきである」といわざるをえないのは、弁護士のなかには現在の倒産処理を遂行するための法律や経済・経営に対する知識不足を指摘される者もいるということである。また、倫理観や人間性の陶冶についてももっと努力しなければならない。その努力が続けられる限り、倒産処理における弁護士の役割は今後も必要不可欠である。

第4章

事業再生をめぐる逆説的常識

これまで述べてきた第1章から第3章までは、事業再生への招待状ともいうべき総論部分である。そして第5章からは日本の事業再生・倒産法制度について述べる各論部分となる。総論から各論に移る前に「頭の体操」をしようというのが第4章である。逆説的常識（パラドクス）という言葉は筆者独自の言い回しである。事業再生・倒産事件の処理には非常に柔軟な発想が必要である。筆者が所属する専門職業集団に属する弁護士は頭が固い者が多い。法律を専門とする職業なので頭が固いのは当然かもしれないが、こと事業再生・倒産事件にかかわるときは頭が柔軟でなければ困るのである。公認会計士や税理士にも同じことがいえる。

筆者がまだ弁護士としては中堅の頃、二部上場の精密機器メーカーの会社更生事件があった。苦労の末、やっと更生計画案の原案ができた。しかし、裁判所は、二〇年間の収益弁済計画では事業計画そのものが絵に描いた餅であり、本社工場（五〇〇〇坪）の半分を売却して弁済に充て、収益弁済分を減らすべきであるとの意見であった。本社工場を半分売却するということは従業員を半分、地方の子会社へ移動させることでもあり、生産ラインが並ぶ本社工場を半分にするということは全面的に建築し直すことでもある。労働組合の上部団体は総評系の全国組織であり、全国一の闘争的組合であった。裁判所の指摘は実現不可能である。筆者と財務担当者は本社近くの会社所有のマンションの一室に寝泊りしながら、もちろん、酒も飲みながら日夜考えた。その結果、スポンサー会社は本社工場の五〇〇〇坪の土地に目をつけていることに気づいた。そこで、更生計画案原案では資本金数億円の予定を一挙に五八億円に拡大させ、スポンサー会社に一〇〇パーセントの株式を割り当てて間接所有させることにして弁済資金を捻出し、本社工場を売却せずにそのまま維持することで労働組合との衝突を回避したのである。

いわばコロンブスの卵である。この経験が筆者の逆説的常識（パラドクス）、頭の体操の発想に結びついているのである。

1 負債一〇億円の中小企業の私的再生と負債一、〇〇〇億円の大企業の法的再生はどちらがむずかしいか

一般的には負債額を比較し、次に私的手続と法的手続の比較をして、一、〇〇〇億円の負債のある大企業の法的再生がむずかしいに決まっているではないかとの結論になるに違

いない。常識的にはそれが正解かもしれない。

しかし、ここで待てよと再考しなければならない。負債の額の比較でいえば一〇億円の一〇〇倍が一、〇〇〇億円であるが、いずれの企業にとっても耐えられる限界を超えた負債なのである。再生の難易を負債額のみで考えるのではなく、その企業の体力との関係からみれば中小企業にとっての一〇億円の負債、大企業にとっての一、〇〇〇億円の負債はいずれも再生手続に入らなければならないほどの負債額であるという点では同じである。したがって負債額が少ないからといって事業再生が易しいとは限らない。

一方、私的再生手続と法的再生手続は根本的な相違がある。私的再生手続は再生に反対の債権者を強制することはできない。また、強制執行や競売などを阻止することもできない。大半の債権者が再生に同意しているとはいっても一部の債権者が再生に不同意で好き勝手なことをして売掛金や貸付金の回収を強引に行っているようでは最終的な同意とはならないのである。つまり、法的保護がない状態で再生を目指す私的再生手続は「説得」あるのみである。悪くいえば「お願い、お願い」なのである。再生計画案が公正・公平で経済合理性があるのは当然であるが、私的再生を行う会社の役員なり代理人の弁護士など専門家の人間力の勝負でもあるのである。

かたや法的再生手続は窮境に陥った企業が再生できるように各種の保護手続が法律で定められている。差押えや仮処分、競売、相殺など原則禁止されている。いわば企業が再生に没頭できるようにガードされているのである。おまけに再生計画案に反対の債権者もその再生計画案が多数決によって決議されれば再生計画案の適用を強制されるのである。したがって、不合理な反対理由を主張して裏取引を要求する債権者などは相手にしなくてもよいこととなる。法的再生手続は「法的」だから法律を勉強しなければならない。弁護士にとって法律を勉強するのは仕事だからそうむずかしい話ではない。

私的再生手続は素人とプロボクサーが素手で喧嘩するようなもので、まともに喧嘩すると負けるに決まっているので「説得」しかなく、「説得」には人間力が不可欠なのである。さて、人間力とは何か。

読者は筆者のいわんとするところを理解されたと思う。負債一〇億円の中小企業の私的再生手続のほうが格段にむずかしいのである。

2

負債一〇億円の中小企業の民事再生と負債一、〇〇〇億円の大企業の破産はどちらがむずかしいか

民事再生も破産も法的倒産手続であり、同じ法的手続であれば負債額が大きいほうがむずかしいに決まっていると考えがちである。これは一般の人のみならず専門家のなかにもこのように理解している人も多い。

民事再生も破産も法的倒産手続ではあるが両者間には本質的な相違がある。企業の経営が窮境に陥った状態を基準点とすれば、民事再生はその基準点から右の方向へ上を目指して事業を継続して進まなければならない。一方、破産は事業を停止し、すべての財産を処分して現金化し、債権者に配当しなければならない。つまり基準点から左の方向へゼロを目指して進むことになる。進む方向、すなわちヴェクトルが逆なのである。わかりやすく表現すれば、民事再生は救急車で病院に搬送中の患者であり、破産は死体解剖と似ている。救急患者は手術を誤れば死に至る危険性がある。死体解剖は新米医師がメスをすべらせて心臓を傷つけたとしても倫理的には別としてもその人を死に至らしめることはない。

なぜなら、人は二度死ぬことはないのである。負債の額の点でいえば1で述べたように、一〇億円の負債は民事再生会社にとって限界を超えた負債額なのである。そのうえ、事業を継続しつつ再生しなければならないので、資金繰り、取引先との交渉、従業員の対応、経営者への批難、銀行借入金の保証など生きているがゆえの苦しみは山ほどある。

一方、一、〇〇〇億円の負債といえども、破産は財産を換金処分してあるだけ支払えばよいのである。事業は停止しているのだから資金繰りの心配など不要である。法律に従って忠実に業務を遂行することが大事である。

再生と破産の本質的な相違に着目すれば、大型の破産事件を処理できるからといって必ずしも再生事件を処理できるとはいえない。逆に再生事件ができる人は破産事件もできる場合が多いと思われる。やはり逆説的ではあるが負債一〇億円の中小企業の民事再生のほうが負債一、〇〇〇億円の大企業の破産よりむずかしいのである。

3 赤字も財産である

赤字も財産なんて馬鹿も休み休みいえというのが一般的であろう。財産といえば土地とか株とか預金などの積極財産を想定するものである。しかし、ここで赤字も財産というのはそのような資産という意味での財産ではなく、事業再生を図る企業にとって経済的価値があるという意味を指している。会計上または税務上の累積損失額あるいは債務超過額を指しているのだが、わかりやすく「赤字」といっているのである。

企業の事業再生のためには、債務の支払時期を繰り延べるいわゆるリスケのみでは不十分な場合が多い。過大な債務を銀行等に一部免除してもらうことも必要な場合がある。たとえば資産が一〇〇億円、負債が一一〇億円、資本金等が一〇億円の企業が倒産して民事再生の申立てをして再生しようとする場合も考えてみる。この企業は累積損失額が二〇億円、債務超過額が一〇億円である。この決算内容が正しいとするならば、この企業の財務的なリストラは次のようなものとなる。

① 資本金等一〇億円を株主責任としてゼロとする。

② 銀行等から一〇億円の債務の免除を受ける。

①により減資差益等として一〇億円、②により債務の免除益一〇億円合計二〇億円の利益が発生し、累積損失額はゼロとなり、資産一〇〇億円、負債一〇〇億円となり債務超過状態から脱する。しかし、負債一〇〇億円はなお過大であり、負債は五〇億円が妥当である場合、銀行等に対し六〇億円の債務免除を要請できるだろうか。答えは「ｎｏ」である。減資差益と債務免除益合計七〇億円により累積損失は一掃されたうえ五〇億円の当期利益が発生しこれに対し課税されることとなる。仮に課税率が四〇パーセントとすれば二〇億円の税金を納めなければならない。このような資金はないから民事再生の申立てをするのである。銀行側からすれば五〇億円の資産超過になるまで債務の免除を行うのは過剰支援となり、免除額の損金処理も認められず、役員は特別背任もいいところである。したがってこのような債務免除はありえないのである。ところが幸か不幸か日本の倒産会社で粉飾決算をしていないところは珍しい。

次のやりとりは実際私が経験した会社更生事件のことである。

「この会社に粉飾決算はいくらありますか」

この一言で経理・財務担当者や税理士は顔色が青くなる。

「一二〇億円くらいですかね」

「少ないですね。もしそれが正しいとすれば多額の債権カットはできませんよ。債務超過額が債権カット額の限界ですからね」

数日後「いろいろと調べたら五〇億円くらいの損失がありました」

「先日、赤字も財産だといったでしょ。もっと損失を出さないと債権カット額が少なくて再生なんぞできないじゃないですか」

結局損失額が一二〇億円くらいまで増加したのである。その結果、多額の一般債権のカットが実現した。

こういう意味での「赤字も財産である」という論理は法的再生のみならず私的再生も同様である。

4 設備投資過多でなければ再生できない

マスコミがメーカーなどの倒産を報道する際、「某会社は設備投資のために巨額の借入金があり、再生は困難をきわめるものと考えられる」というような記事がたびたび見受けられる。設備投資過多イコール借金過多であり、これを再生の困難性に結びつけるのは一般的には常識であり理解できないわけではない。しかし、さにあらずなのである。たとえば次の二つの会社の場合を考える。

A社は電気製品のメーカーであるが、借入金の増大をきらい、古い設備を修繕して使い続けてきたが、新製品の開発競争に敗れ、コストダウンにも限界がありついに倒産に至った。

一方B社は特殊鋼のメーカーであるが、銀行より多額の借入れをなし、巨額を投じて最新の設備をそろえた新工場を完成させた。しかし、新工場の威力を発揮する前に資金繰りが破綻し倒産に至った。

事業再生は負債を適切な水準まで債務免除や株式振替え（DES）等によって調整する財務リストラが再生計画によって行われる。そうであればB社の借金過多は再生の絶対的な障害とならないのではないか。スポンサーによる再生でも自主再生でも倒産後の設備投資は少ないほうがよいに決まっている。特にスポンサーがつかず自主再生を図る場合、一度、倒産した企業に設備投資の資金を融資する銀行などありはしないのである。

借金は少ないが時代遅れの設備しかないA社と借金は多いが最新の設備を有するB社では明らかにB社が魅力的である。融資した銀行には気の毒だが最新の設備投資をした直後に倒産した企業ほど再生の可能性は高いといえよう。一九六五年（昭和四〇年）に神戸地方裁判所姫路支部に会社更生の申立てをした上場会社の山陽特殊製鋼が最新設備を武器に再生し、一九八〇年（昭和五五年）に再上場したのもこの逆説的常識の一例である。

5 放漫経営による倒産会社は再生できる

中小企業のオーナー社長のみならず、上場会社の社長すら放漫経営をする人は古今東西後を絶たない。粉飾決算や公私混同により経営が悪化し、ついに倒産に至ったという話は日常茶飯事となっている。筆者の経験でも周囲の知人などから「あの社長はろくでもない社長だ、ゴルフ、酒、カラオケ、女性に博打、公私混同も甚だしい。茶坊主と身内ばかりを重用しており、真面目な社員はやる気をなくしている。あんな放漫経営の会社の再生はむずかしい。先生の名誉にもかかわることでもあり辞めたほうがよい」と忠告されたことが何度かある。

筆者が日本のエリート集団である政府系某機関で講演したときこの逆説的常識の話をしたことがある。「あなた方のような能力のある真面目な人たちが企業再生のために派遣されたとしたら、不要不急の資産はことごとく売却し、徹底的に無駄を排除してコストダウンを図るでしょう。希望退職者を募集し少数精鋭主義をとるでしょう。そのとき優秀な者も退職するかもしれません。しかし、経営改革もむなしく倒産に至ったとしたら、どこをどう改革すれば再生できるでしょうか。逆に放漫経営で倒産した場合は改善すべき点が山ほど転がっています」。

社長が心を入れ替えて経営改善に頑張れば効果が出るのは当然である。反省もせず昔のような態度であれば首をすげ替えればいいわけである。あんな目茶苦茶な会社をよく再生できましたね、さすが先生ですね、と感心されたこともあるが、実は逆説的常識のからくりがあったのである。

第5章

日本の倒産手続

本章では、日本の倒産手続について概説していきたい。以下に述べるとおり、わが国の倒産手続は、「法的倒産手続と私的整理手続」あるいは「清算型手続と再生型手続」というかたちで分類することができる。このような分類を理解することは、日本の倒産手続を大まかに理解するうえでは非常に有用である。

1 法的倒産手続と私的整理手続

(1) 法的倒産手続とは

① 法的倒産手続の意義

法的倒産手続とは、法律の定めに基づき、裁判所の監督のもとで、債務者の資産・負債の整理を行う手続のことを指す。現在のわが国において法的倒産手続に分類されるものとしては、破産手続、民事再生手続、会社更生手続、特別清算手続がある。これら手続は、それぞれ、破産法、民事再生法、会社更生法、会社法に根拠を有しており、この四つの手続を総称して「倒産四法」などといわれることがある。

また、以上の「倒産四法」のほか、裁判所の監督下には置かれないものの（したがって「法的倒産手続」には分類されないものの）、会社を清算する手続として、（通常）清算手続が存在する。

② 各法的倒産手続の共通点と相違点

これら法的倒産手続には、一定の共通点がある。

まず、いずれの手続の利用段階においても、債務者自身や債権者などから裁判所に対して、当該手続を開始することについての申立てが必要となる。裁判所は、申立てを受け、当該手続を開始するための法律上の要件が備わっているか否かを判断し、これが備わっていると認める場合には、手続の開始決定が下される。

手続が開始されると、原則として、当該手続開始前の原因に基づいて生じた債権は、いったん棚上げとなり、弁済が禁止される。この間、債権者は、棚上げとなった自己の債権を裁判所や債務者等に届け出る（これによって、債務者の負債が明らかとなる）。他方、債務者は、自己の財産を評価し直し、あるいは、換価処分すること等によって、債権者に対して弁済・配当できる資産の額を確定させる。この負債と資産の確定プロセスを経て、債権者に対する弁済・配当が実施される。

もっとも、後述するとおり、一言に法的倒産手続といっても、その目的に応じて再生型手続と清算型手続に分類でき、これに応じた手続の差異が存在する。また、再生型手続のなかにおいても、債務者の経営陣が従前どおり業務遂行権や財産管理処分権を保持し続ける手続（いわゆる「ＤＩＰ型手続」）と、第三者である管財人にそれらの権利が移転する管理型手続とに分類され、これらに基づく手続上の差異も存在する。

(2) 私的整理手続とは

① 私的整理手続の意義

前述のとおり、法的倒産手続は、法律の定め（具体的には「倒産四法」）に基づき、裁判所の監督のもとで、債務者の資産・負債の整理を行う手続と定義できることから、私的整理手続は、「法的倒産手続以外の手段によって債務者の資産・負債の整理を行うことで債務者の事業再生や清算を行う手続」ということができる。

② 私的整理手続の分類――「純粋私的整理手続」と「制度化された私的整理手続」

手続が法律で定められている法的倒産手続とは異なり、私的整理手続は、文字どおりあくまで債務者やその債権者が「私的」に行うものである。したがって、私的整理手続においては、当事者が絶対に従わなければならないルールが存在するわけではない。手続の当事者（どの範囲の債権者を対象として手続を進めるのか）、手続の内容（清算型の手続にするのか、再生型の手続にするのか）、手続のスケジュール、また、債権者との合意内容（債権放棄を求めるのか、弁済期の猶予・長期化だけを求めるのか等）といったものは、手続の当事者が合意する限り自由に決められるのが原則であり、また、これが私的整理手続のメリットの一つであるともいえる。

しかしながら、裁判所による監督がなく、手続内容やスケジュールについて完全なる自由が認められていることは、他方において、デメリットとなる場合もある。すなわち、裁判所による監督がない私的整理手続は、往々にして手続の公平性・透明性といったものを欠くおそれがあり、結果として、債権者からの信頼や納得が得られず、手続が成立しないリスクをはらんでいる。また、絶対に遵守しなければならないスケジュールが存在しないことは、時に、手続をいたずらに先延ばしする状況を招き、かえって債務者の事業再生にとって望ましくない結果をもたらすおそれも存在するのである。

このような、いわゆる「純粋私的整理手続」に対する批判を受け、近年では、一定のルールや枠組みを定めたうえで、そのルールや枠組みにのっとって行われる「制度化された私的整理手続」というものが登場するに至った。「私的整理に関するガイドライン」にのっとった私的整理手続、事業再生実務家協会が実施する「事業再生ＡＤＲ」に基づく私的整理手続、中小企業再生支援協議会が関与する私的整理手続、株式会社地域経済活性化支援機構が関与する私的整理手続といったものがその一例に該当する（各手続については後述する）。これらは、主として金融債権者を相手方として、各手続において定められるルールや枠組みに従って債務者の金融債務の処理を行うことを目的とした私的整理手続であるが、このようなルール等の存在は、債権者に手続の見通し（「予見可能性」ともいわれる）を与え、その透明性の確保につながる。また、これら「制度化された私的整理手続」は、債務者と債権者のほかに、公平中立な立場にある第三者の関与を要求し、当該第三者が、債務者の事業再生計画の公平性・妥当性・経済合理性といったものをチェックすることを予定している場合も多い。この「公平中立な第三者の関与」は、公平性に欠けると批判される純粋私的整理手続の欠点を補う役割を果たす。

(3) 法的倒産手続と私的整理手続、どちらを選択すべきか

これまで、事業再生の手法には法的倒産手続と私的整理手続が存在することを説明してきた。では、窮境に陥っている債務者企業は、その事業の再生を実現するため、どちらの手続を選択すべきなのか。両手続の主なメリット・デメリットを概観しながら考えてみる。

① 両手続の主なメリット・デメリット

(ア) 手続の密行性(事業価値の維持)

法的倒産手続は、裁判所の関与のもとで進める手続であり、金融債権者のみならず、仕入先・下請先といった商取引債権者を含むすべての債権者の債権が、手続の申立て(あるいは手続の開始決定)により原則として一時棚上げにされる。したがって、ひとたび債務者企業が法的倒産手続を申し立てると、たちまちこの事実は公になり、大企業や有名企業の申立てともなると、テレビニュースや新聞等でも大々的に報道されるところとなる。この場合、特に、手続の申立て直後には、仕入先からの新たな仕入れの停止や保証金の要求、下請先の現場占拠や連鎖倒産といった大混乱が債務者企業の現場で巻き起こることも

少なくない。また、時には、このような状況を目の当たりにした従業員が退職し、他社に移籍してしまうことさえある。このような混乱にうまく対処できない場合、債務者企業の事業価値は著しく毀損することになる。

他方、前述のとおり、私的整理手続は、原則として金融債権者のみを相手方として、その債務を整理する手続である。この点、金融債権者は、厳しいコンプライアンスや守秘義務のもと業務を行っていることから、基本的には、債務者企業が倒産の危機にある事実が世間に公になることはない（ただし、債務者企業が上場会社である場合には、取引所のルールに従って、私的整理手続を行う事実を適時に開示しなければならない場合があるし、世間の耳目を集めるような大企業の場合には、どこからか情報が漏れ、スクープとして大々的に報道されてしまう場合もある）。また、私的整理手続においては、金融債権者以外の債権者は手続の対象とせず、仕入先や下請先といった商取引債権者への弁済はこれまでと変わらず行うため、現場で混乱が起こり、事業価値を損ねるといった事情も法的倒産手続に比べて生じにくい。

したがって、一般的には、法的倒産手続は、密行性（ひいては事業価値の維持）の点において、私的整理手続に劣る面があるといわれる。

(イ) 手続の公平性・透明性

法的倒産手続は裁判所の監督下で進められるものであり、手続内容も法律により規定されている。また、債務者企業の活動や債務者企業が作成・提出する計画案（民事再生手続であれば再生計画案、会社更生手続であれば更生計画案）は、裁判所や裁判所が選任した第三者によってチェックを受ける（あるいは、裁判所が選任した管財人自身が事業活動を行い、計画案を作成する）ことになる。よって、手続の公平性や透明性といったものに対する債権者の信頼は相対的に厚いといえる。

他方、私的整理手続、特に、純粋私的整理手続には、手続に関する一般的なルールが存在しない。また、債務者企業の活動や事業再生計画案に対する妥当性のチェックを行う者も原則的には存在しない。よって、純粋私的整理手続に対しては、手続の公平性や透明性に欠けるという指摘がなされることがままある。もっとも、前述のとおり、このような指摘に対応するかたちで、制度化された私的整理手続が発展を遂げてきている。制度化された私的整理手続には、一定のルールが存在し、また、公平中立な第三者を手続に関与させることで、純粋私的整理手続には不足しているといわれる手続の公平性や透明性の確保に対する手当が講じられている。

(ウ) 手続の柔軟性

法的倒産手続は手続が法律に定められており、これに違反することは認められない。たとえば、民事再生手続において、再生計画によって再生債権の債務の期限の猶予を求めるときは、原則として、一〇年を超えない範囲で定めなければならないとされているし、会社更生手続においても、期限に違いこそあれ同様の趣旨の規定が存在する。これはあくまで一例にすぎないが、民事再生手続や会社更生手続には、必ず守らなければならない手続面での制約がいくつも存在する。

私的整理手続は、手続に関するルールが存在しない以上、法的倒産手続に比して格段に手続の柔軟性があるといえる。極端な話をすれば、対象債権者全員が同意する限りは、債務の弁済を向こう一〇〇年間の分割払いとするような事業再生計画も許容されうるのである。この点、制度化された私的整理手続には、手続の準則や計画でクリアすべき数値基準等、一定のルールが存在し、このルールに従って手続を進めることが求められることから、純粋私的整理手続に比べれば柔軟性に不足する面があるといえるが、他方で、制度化された私的整理手続は純粋私的整理手続に比べて税務上のメリット（期限切れ欠損金の利用や資産の評価損の計上等）が認められやすいといった利点も存在する。

㈣　計画成立の難易度

法的倒産手続においては、計画案（再生計画案・更生計画案）の可決要件が法律で定められている。民事再生手続であれば、債権者集会に出席した債権者の過半数の同意（頭数要件）と、議決権者（＝債権者）の議決権総額（＝債権総額）の二分の一以上の同意（議決権額要件）が両方満たされれば、再生計画案は可決となる。また、会社更生手続においても、更生計画案の成立のための議決権額要件が規定されている（ただし、会社更生手続では頭数要件は求められていない）。すなわち、法的倒産手続では、全債権者の同意がなくとも、一定の要件が満たされれば計画は成立し、当該計画に反対している債権者をも拘束するのである。

一方、私的整理手続には当然、このような定めはないので、手続に取り込むすべての対象債権者の同意があってはじめて事業再生計画が成立することになる。たとえ一〇社ある債権者のうち九社が計画案に同意したとしても、一社が反対すれば計画は成立しないし、債権額一〇〇億円の債権者が債務者企業の計画案に同意していたとしても、債権額一億円の債権者が同意しなければ、計画は成立しないのである。したがって、一般的には、私的整理手続のほうが、法的倒産手続に比べて難易度が高いといわれる。

② 手続選択の視点

以上の法的倒産手続と私的整理手続のメリット・デメリットを前提として、では、事業再生を企図する債務者企業は、どちらの手続を選択するのが望ましいのだろうか。

結論からいってしまえば、「事案によりけり」である。すなわち、債務者企業は、自己が置かれたさまざまな状況を総合考慮のうえ、法的倒産手続を選択すべきか、私的整理手続を選択すべきか、はたまた、法的倒産手続のなかでも民事再生手続によるのか会社更生手続によるのか、私的整理手続のなかでも純粋私的整理手続を選択すべきか制度化された私的整理手続を選択すべきかを判断することになる。

いくつか単純な例をあげてみよう。

ここに、厳しい競争環境にさらされ、窮境にあえぐ結婚式場の運営会社（非上場会社）たるA社がある。A社としては、過大な借入金を軽くして財務状態を立て直し、何とか事業を維持継続したいと考えていたが、結婚式場のようないわゆる「寿ビジネス」にとって、「倒産」というレッテルは今後の事業継続に致命的な大ダメージを与える。このような状況から、A社は、倒産の事実が公になってしまう法的倒産手続ではなく、手続の密行性が保たれながらも一定の透明性が確保された、制度化された私的整理手続を通じ、金融債権者に対して債権放棄を求めることを決意した。

ここに、某地方の有力企業たるB社がある。B社は、本業自体は元来順調であったのだが、ワンマン経営の社長による会社財産の私的流用や、長年にわたる粉飾決算等により、その正確な財務状況が自身でもわからないまま、資金繰りが厳しい状況に追い込まれていた。B社は、メイン銀行に対して、私的整理手続を通じて債権放棄を受けることで事業の再生を図る方針を相談したが、コンプライアンスに敏感なメイン銀行は、「長年にわたってこのような粉飾決算を行ってきたのは、当行に対する詐欺的行為である。当行のコンプライアンス上も、裁判所の関与のもと公平性・透明性が確保された法的倒産手続を通さなければ、このような会社に対する債権放棄に応じることはできない」としてB社の申出を断り、結果、B社は法的倒産手続を申立てることを決意した。

ここに、某地方の中小企業たるC社がある。C社は、地元の地方銀行および信用金庫から設備投資資金や運転資金の借入れを行っていたが、長引く不況により売上げが低迷し、約定どおりの借入金の返済が困難となっていた。C社の社長は、地方銀行および信用金庫に対して、債権放棄を含む計画案を策定したい旨相談したが、これら金融機関の担当者からは「うちも経営状況が思わしくないので、何とか債権放棄を含まない案を策定してくれないか。債権放棄を含まない計画であれば支援が可能である。借入金については、長期の分割弁済になってもかまわない」との回答を受けた。そこで、C社は、現在の借入金を二〇年で弁済する事業再生計画案を立て、純粋私的整理手続により両金融機関の同意を取り付けることとした。

以上は、あくまでわかりやすい例をつくりあげて説明したものであり、その結論が必ずしも正しいとは限らない。実際には、このように単純に方針が決められることは少なく、債務者企業を取り巻くありとあらゆる事情を考慮したうえで、いかなる手続がとられるべきか判断されることになろう。

2 清算型手続と再生型手続

日本の倒産手続は、裁判所の監督下に置かれるか否かという観点から、法的倒産手続と私的整理手続とに分類できるということをこれまで説明してきたわけであるが、もう一つの視点として、倒産手続は、清算型手続と再生型手続とに分類することができる。

(1) 清算型手続とは

① 清算型手続の意義

清算型手続とは、債務者企業の清算を目的とする倒産手続である。すなわち、清算型手続は、債務者企業の資産をすべて金銭に換価し、これを債権者への弁済・配当に充てて、債務者企業自身は清算・解体するものといえる。

法的倒産手続のうち、破産手続と特別清算手続は、清算型手続に属するとされる。破産法は、目的を定める一条において、「この法律は、支払不能又は債務超過にある債務者の財産等の清算に関する手続を定めること等により……」と規定しており、清算型手続であることを明確に宣言している。また、特別清算手続は、そもそも会社法第九章「清算」のなかに根拠規定が存在しており、清算する会社において債務超過の疑いがある場合などに利用されるものであることから、これが清算型の法的倒産手続であることは明らかである。

私的整理手続は、これまで述べてきたように、手続に関するルールが存在しないことから、清算型の私的整理手続というものを想定することも可能である。もっとも、制度化された私的整理手続は、基本的には債務者の事業の再生を図るために整備されたものであることから、これが債務者企業の単純な清算のために利用されることは少ない。

② 清算型手続と事業再生の関係

たしかに、清算型手続は、手続終了の結果として企業の清算（消滅）をもたらすものである。しかし、清算型手続であるからといって、これが債務者の事業再生のために利用されないのかといえば、必ずしもそうではない。清算型手続は、その過程において、債務者の「事業」を生き残らせようとすること自体は否定していないのである。

破産法は、七八条二項三号において、破産管財人が「営業又は事業の譲渡」をする場合に裁判所の許可を得なければならないとしており、また、会社法は、五三六条一項において、特別清算手続の開始決定を受けた清算会社が「事業の全部の譲渡」や「事業の重要な一部の譲渡」をする場合に裁判所の許可を得なければならないとしている。これは、とりもなおさず、破産・清算し、消滅していく債務者企業の「事業」を第三者に移転させ、第三者のもとで当該事業が継続されていくことを認めている規定であり、清算型手続を事業再生のツールとして利用する一つの手がかりになるものといえる。また、後述するが、清算型手続は、再生型手続と組み合わせることによって、債務者の事業再生のための重要なツールとして機能する場合もある。

(2) 再生型手続とは

① 再生型手続の意義

再生型手続は、倒産手続のうち、その事業の再生を目的とした手続である。債務者企業の資産をすべて換価してこれを債権者への弁済・配当に充てることを想定する清算型手続とは異なり、再生型手続は、原則として、債務者企業（またはその事業）が手続終了後も存続することを予定する点において、清算型手続とは異なる側面を有する。

法的倒産手続のうち、民事再生手続と会社更生手続は再生型手続に属するとされる。民事再生法は、目的を定める一条において、「この法律は、経済的に窮境にある債務者について、…（中略）…、もって当該債務者の事業又は経済生活の再生を図ることを目的とする。」と定め、また、会社更生法は、目的を定める一条において、「この法律は、窮境にある株式会社について、…（中略）…、もって当該株式会社の事業の維持更生を図ることを目的とする。」と定めていることからも、これら両手続が再生型手続であることは明らかであろう。

多くの私的整理手続、特に、制度化された私的整理手続も基本的には再生型手続に属するといってよい。すなわち、事業の再生を企図しようとする債務者企業においては、前述したような（再生型）法的倒産手続と私的整理手続のメリット・デメリットや、債務者企業が置かれている状況を総合的に検討したうえで、法的倒産手続を利用するのか私的整理手続を利用するのかを検討し、後者を利用することがより適切と思われる状況にあるということであれば、私的整理手続を通じた再生を模索することになる。

② 再生型手続の特徴

前述のとおり、再生型手続は、原則として、債務者企業の事業の清算を予定せず、手続終了後も債務者企業の事業が存続することを予定している点で、清算型手続とは異なる側面が存することから、おのずと清算型手続にはない考慮要素が出てくる。

(ア) 窮境原因の除去の必要性

清算型手続をとる場合であろうと再生型手続をとる場合であろうと、その前提として、債務者企業は、なんらかの原因により窮境に陥っている。これは、両手続が手続開始の原因として、支払不能（債務者が、支払能力を欠くために、弁済期にある債務につき一般的かつ継続的に弁済することができない状態）や、債務超過（債務者が、その債務につきその財産をもって完済することができない状態）といったもの（またはその「おそれ」）を要求していることからも明らかである。

企業が窮境に至る原因にはさまざまなものが存在する。景気低迷による売上不振、売上げや利益に見合わない過大な設備投資、多角化の失敗、コンプライアンス上の問題（粉飾決算、反社会的勢力との付合いなど）に起因する取引先や取引金融機関の離反、役員や従業員による会社資産の私的流用、法改正等による現在のビジネスモデルの維持困難、等々。窮境にあえぐ企業の数だけ、それに至った経緯・原因があると考えてよい。

この点、清算型手続をとろうとする場合、これら窮境原因を除去することは基本的には要請されない。会社自体を消滅させてしまう以上、窮境を除去する必要性がそもそも存在しないからである。

しかしながら、再生型手続ではそういうわけにはいかない。債務者企業の事業を今後も継続し、その再生を図ろうとする以上、企業を窮境に追いやった原因を除去すべきことはある意味当然のことだからである（逆にいえば、窮境原因を除去できないのだとすれば、その企業（事業）が今後も社会に存続することが、はたして本当に適切なのか否かという点を、いま一度確認してみる必要があるかもしれない）。

よって、再生型手続においては、債務者企業が窮境に至った原因がいったいどこにあり、これを今後除去することが可能なのか否かが検討される必要がある。

(イ)　弁済原資捻出の必要性

再生型手続は、債務者企業の事業が今後も維持継続されることを前提としているものであるから、清算型手続のように、債務者企業に存在する資産を単純にすべて換価し、これを弁済・配当に充てるというわけにはいかない。そこで、再生型手続においては、債権者に弁済するための原資を、「すべての資産の単純な換価」という方法以外の方法で捻出する必要がある。

このような再生型手続において債権者への弁済原資となりうるものには、主に二つのものが存在する。

その一つは、「債務者企業の今後の収益」である。債務者企業が、窮境原因を除去したうえで今後も事業を維持継続していく以上、当然のことながら、そこには収益（利益）の発生が見込まれるはずである。この収益（利益）を債権者への弁済原資に充てるというわけである。

もう一つは、「スポンサーの買収資金」である。債務者企業の事業の全部または一部に価値が見出せる場合には、第三者（スポンサー）がその事業の買収に手をあげることも少なくない。債務者企業としては、スポンサーが当該事業を買収する際に債務者企業に支払う買収資金（スポンサーが債務者企業の株主となるために新たに投下した増資資金や、スポンサーが債務者企業の事業を譲り受けるために支払った譲渡代金等）を弁済原資として、債権者への弁済を行うわけである。なお、このうち、特に、債務者企業の事業をスポンサーに売却する方法は、債務者企業の資産を換価する面において、清算型手続に類似する側面がある。しかしながら、単純に債務者企業に残っている資産をバラ売りすることを基本とする清算型手続とは異なり、この方法は、債務者企業の事業が継続することを前提として、その事業を構成する資産をまとまったかたちで第三者たるスポンサーに売却するという意味で決定的な違いが存するといえよう。

⑼　経済合理性の存在の必要性――いわゆる「清算価値保障原則」

債務者企業の窮境原因が除去でき、また、資産の単純な売却以外の方法で債権者への弁済原資を捻出することが可能であっても、それだけで再生型手続が成立するわけではない。これらをふまえたうえで、債務者企業の弁済計画が債権者にとって「経済合理性」があるものか否かがきわめて重要な要素となる。

では、この「経済合理性」とは、いったい何を基準に判断されるものか。

この点、再生型の法的倒産手続、すなわち、民事再生手続や会社更生手続では、手続の開始や計画案（再生計画案・更生計画案）の適法性の要件として、「債権者一般の利益に適合すること」を要求する。すなわち、仮に債務者企業が清算（破産）した場合に債権者が受けられる弁済額（弁済率）と、これら再生型手続をとった場合に債権者が受けられる弁済額（弁済率）とを比較して、後者による場合のほうが債権者一般にとってメリットがある（より多くの弁済を受けられる）ことが必要となるのである。このようなルールを、事業再生の世界では「清算価値保障原則」と呼ぶ。清算価値さえも保障されない再生型手続というのは、事業を存続させたい債務者企業のエゴにすぎず、債権者一般にとってはメリットがないことから、法はこれを認めないのである。

手続の準則が原則として存在しない（再生型の）私的整理手続においても、当然、この「清算価値保障原則」というのは存在する。債務者企業が清算すればより多くの弁済を受けられる債権者にとって、これよりも少ない弁済しか受けられないような事業再生計画案に同意することは、経済的な観点からも、また、債権者にとってのコンプライアンス上の観点からも不可能なことは当然だからである。このようなある意味当然の道理を受け、ほぼすべての制度化された私的整理手続においては、そのルールのなかに、「債務者企業が策定する事業再生計画案が、清算価値保障原則を満たしていること」を明示的に要求している。

(3) 清算型手続と再生型手続、どちらを選択すべきか

清算型手続と再生型手続という考え方について説明したわけであるが、では、窮境にあえぐ債務者企業としては、どちらの手続を選択すべきなのだろうか。

このような質問を債務者企業にしてみるとするならば、十中八九は「再生型手続をとりたい」と答えるかもしれない。

しかしながら、世の中には不幸にして、再生型手続をとることが明らかにむずかしい状況にある企業が存在することもまた事実である。このような企業について、やみくもに再生型手続を指向する場合、かえって会社財産の散逸や隠匿等を招き、結果として債権者やその他経済社会一般にとって多大なる損害を発生させることさえある。再生できる事業が存在する限りは、いたずらにその芽を摘むことは厳に避けるべきであることはいうまでもないが、筆者ら事業再生を専門とする弁護士であっても、時には勇気をもって、債務者企業に清算型手続の選択を進言しなければならない場合があるのである。以下では、清算型手続と再生型手続の選択の視点について、主立ったものを紹介しておきたい。

① 営業黒字化の見込み

事業の再生をゴールとする再生型手続をとるべきか否か（とれるか否か）を判断する際には、債務者企業（またはその事業）において、営業黒字を創出できる見込みがあるか否か、という点が一つの重要な指標となる。営業黒字を生み出す見通しすら立たない場合には、基本的にはその事業を再生させることはむずかしく、清算を検討する方向に傾かざるをえない。

債務者企業において窮境原因を除去することで営業黒字の創出が可能か否か、もしくは、債務者企業において営業黒字を創出することがむずかしい事業であっても、第三者（スポンサー）がこれを買い取り、当該第三者のもとで営業黒字を生み出すことが可能か否か、といった視点が必要になる。

② 手続中の資金繰りの見込み

再生型手続をとることで、将来的には事業の再生を果たす見込みがあるといっても、その途上で資金繰りが破綻してしまうようでは、そのような計画は画餅に帰してしまう。

前述のとおり、債務者企業が法的倒産手続を申し立てると、その事実はたちまち公になる。特に、手続の申立て直後には、仕入先からの保証金（または代金前払いや現金引換え）の要求への対応や、下請先の現場占拠に伴う和解金の支払等、相応の資金が必要になるところであり、このような混乱期を乗り切ることができるかどうかが再生型手続の成否を占うといっても過言ではない。

再生型手続を選択しようとする場合には、手続遂行中の資金繰りが十分回るのか否かをよくよく検証しておく必要がある。なお、現状、手元に資金がないからといって、直ちに再生型手続の採用を諦めるのは、いささか拙速といえる場合がある。債務者企業において、無担保の不動産、売掛金、受取手形、商品在庫といった資産が残っている場合には、これを担保に融資を受けられることもある（世の中には、再生型の法的倒産手続に入った企業に対して融資を行うことを主たる業とする金融会社も存在する）。ただし、このような場合の融資は、平場の融資に加えて金利が高いことが通常であることから、このような融資を利用するに際しては、ある程度返済の見込みがみえていることが重要である。

③ 債権者の協力の見込み

前述のとおり、再生型の法的倒産手続である民事再生手続・会社更生手続においては、計画案（再生計画案・更生計画案）の成立に債権者の多数の同意が必要となる。また、民事再生手続に限っていえば、担保権者は手続に取り込まれず、別段の合意を結ばない限りは手続中にその担保権を実行することが可能である。また、私的整理手続は、全対象債権者の同意があってはじめて成立するものである。したがって、再生型手続を採用するか否かの検討においては、これら債権者からの協力（同意）が得られる見込みがあるか否かが大きな考慮要素となる。

この点、手続の申立て時点において、債権者から計画案への同意が得られることが確実に判明している状況というのは多くないであろう。しかしながら、なんらかの事情で、主要債権者・担保権者から計画案に対する同意を得ることが不可能なことが確定的に判明しているような場合には、そもそも再生型手続を選ぶことが適切か否か、という点を慎重に検討する必要がある。

このほか、債務者事業の再生にとって必要不可欠な従業員（キーパーソン）から協力が得られる見込みの有無や、債務者の事業特性、業界の状況・取引慣行なども、清算型手続と再生型手続の選択の際に検討すべき重要な視点といえよう。

事業再生を図ろうとする者（およびその代理人となる弁護士）には、常に、慎重かつ綿密な検討を行い、事案に即した適切な手続選択を行うことが要求される。

3 複合型手続

日本の倒産手続が「法的倒産手続と私的整理手続」あるいは「清算型手続と再生型手続」というかたちで分類できることをこれまで論じてきた。

もっとも、実際の事業再生の現場では、これら手続が複合的に組み合わされて一つの事業再生スキームとして機能している場合が少なくない。詳しくは第8章で解説するが、主な複合型の手続として「再生型法的倒産手続＋清算型法的倒産手続」や「私的整理手続＋清算型法的倒産手続」といった組合せで利用されることが多い。

4 日本の倒産制度一覧表

以上が日本の倒産制度の大まかな説明である。なお、ここで紹介した手続のほかにも、金融機関等の会社更生手続、民事再生手続および破産手続については「金融機関等の更生手続の特例等に関する法律」（通称：更生特例法）という特別法が定められているし、外国で開始された倒産手続の効力をわが国に適切に及ぼし国際的に整合のとれた清算または再生を図ることを目的として「外国倒産処理手続の承認援助に関する法律」に基づく手続が用意されている。また、再生型の私的整理手続としては、中小企業再生支援協議会や地域経済活性化支援機構（旧：企業再生支援機構）等が関与する手続や、債務者の経済的再生を目的とした民事調停の特例である特定調停手続もある。これに加え、「東日本大震災事

図表１　日本の倒産法制

- 法的倒産手続
  - 再生型
    - 民事再生手続（更生特例法の適用あり）
    - 会社更生手続（更生特例法の適用あり）
    - 事業譲渡・会社分割＋特別清算（複合型）
  - 清算型
    - 破産手続（更生特例法の適用あり）
    - 特別清算手続
  - 国際関係
    - 外国倒産処理手続の承認援助に関する法律に基づく手続
- 私的整理手続
  - 再生型
    - 純粋私的整理手続
    - 制度化された私的整理手続
      - ガイドライン
        - 私的整理に関するガイドライン
      - 法的に制度化された私的整理手続
        - RCC（整理回収機構）
        - 中小企業再生支援協議会 同全国本部（産活法・時限立法）
        - 地域経済活性化支援機構（2013年（平成25年）３月18日発足）（企業再生支援機構を改組）
        - 事業再生ADR（正式には特定認証紛争解決手続）（産活法）
    - 産活法（産業活力の再生及び産業活動の革新に関する特別措置法、時限立法）
      ※時限立法期限は2016年（平成28年）３月31日まで
    - 特定調停手続（民事調停法の特例）
  - 清算型
    - （通常）清算手続
    - その他
  - 東日本大震災対策
    - 個人版私的整理ガイドライン
    - 産業復興相談センター 産業復興機構
    - 東日本大震災事業者再生支援機構

業者再生支援機構」や「産業復興相談センター・産業復興機構」が関与する再生支援手続など、先般の東日本大震災によって窮境に陥った債務者の事業再生のための特別の手続も各種整備されてきているところである。

分類の仕方はいろいろあろうが、これらをふまえた日本の倒産制度を一覧表にすれば、図表1のとおりとなる。

第6章

再生型法的倒産手続の概要

本書が「事業再生」をタイトルとする以上、本章では、再生型の法的倒産手続である民事再生手続と会社更生手続について解説したい。もっとも、「入門書」という本書の目的・機能を損なわないためにも、手続の細かな部分については思い切って捨象し、その重要なポイントのみに触れていくこととしたい。

1 民事再生手続の概要

まずは、民事再生手続について概説する。次に掲げる手続の流れ図（図表2～5）もご覧いただきながらお読みいただきたい。

A 民事再生手続の特徴

再生型の法的倒産手続たる民事再生手続の特徴を知ろうとする場合、同じく再生型の法的倒産手続である会社更生手続と比較するとわかりやすい。主な相違点を以下にあげてみよう。このような比較は、再生型の法的倒産手続のうち、いずれを選択すべきか（いずれを選択することが望ましいか）を検討するうえでも、重要な視点を提供してくれる。

① 手続の利用者

民事再生法一条は、同法の目的を定めるものであるが、次のように規定されている。

第一条 この法律は、経済的に窮境にある債務者について、その債権者の多数の同意を得、かつ、裁判所の認可を受けた再生計画を定めること等により、当該債務者とその債権者との間の民事上の権利関係を適切に調整し、もって当該債務者の事業又は経済生活の再生を図ることを目的とする。

このように、民事再生法は、「経済的に窮境にある債務者」であればだれでも利用でき、実際にも、個人、株式会社、学校法人、医療法人、投資法人、協同組合等、あらゆる債務者の事業または経済生活の再生に利用されている。会社更生手続が株式会社のみを対象とするのとは対照的である。

② 手続の遂行者——いわゆる「DIP型手続」

民事再生手続は、原則として、債務者（民事再生手続においては「再生債務者」といわれる）自身、すなわち、従前の経営陣が、手続の前後を通して業務遂行権・財産管理処分権を保持する。このような手続は、「DIP（Debtor in Possession）型」手続といわれる。これは、手続開始決定と同時に必ず管財人が選任され、当該管財人に業務遂行権や財産管理処分権が専属する会社更生手続との大きな違いである（ただし、近年、会社更生手続においても「DIP型会社更生手続」なるものが登場しているが、詳しくは後述する）。

なお、民事再生手続であっても、裁判所によって管財人が選任され、当該管財人に業務遂行権や財産管理処分権が移転する場合がある。しかしながら、民事再生手続において管財人が選任されるのは「再生債務者の財産の管理または処分が失当であるとき、その他再生債務者の事業の再生のために特に必要があると認めるとき」であり、きわめて例外的な場合といえよう。

図表２　民事再生手続の流れ

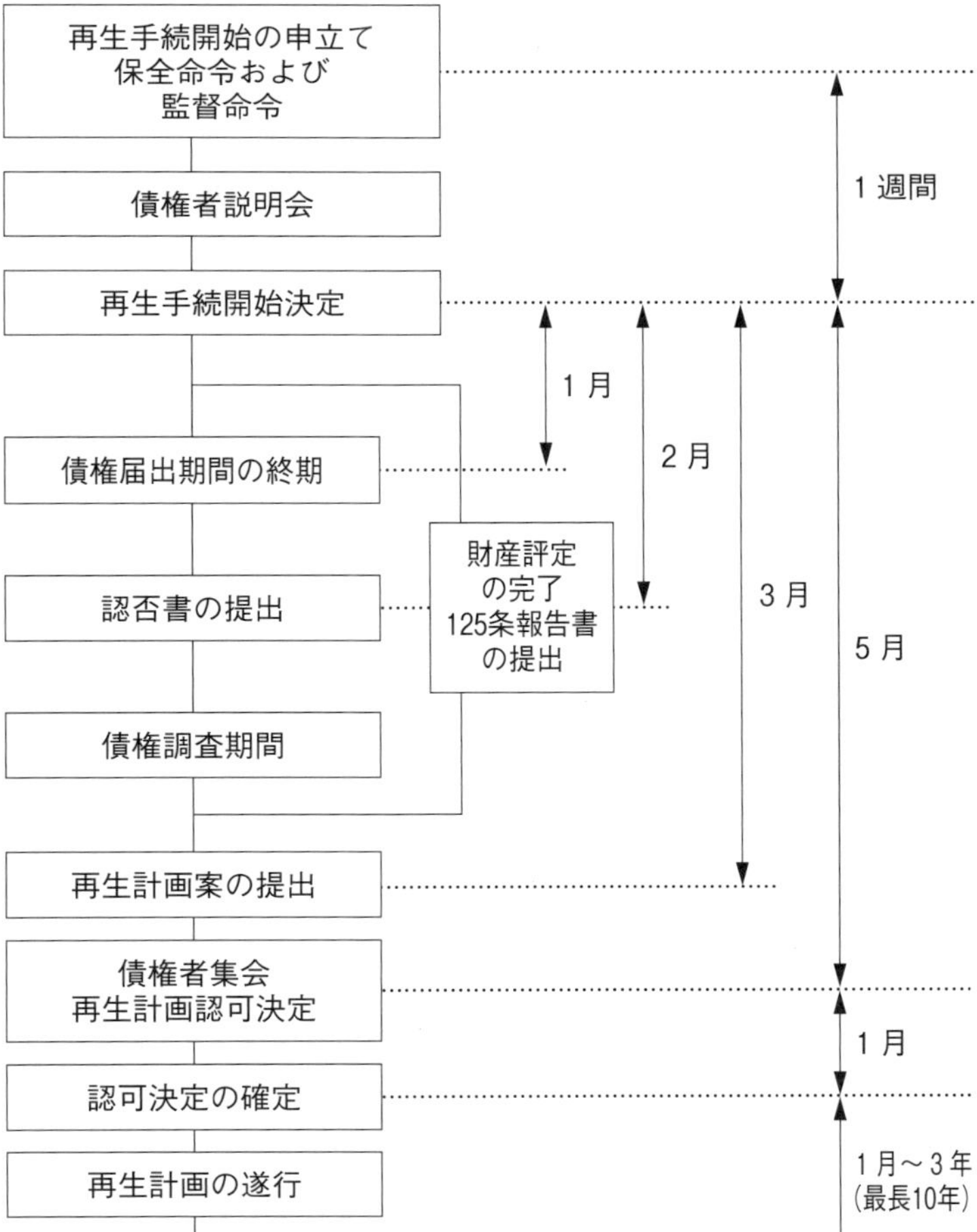

※東京地方裁判所の標準スケジュールを参考としている。

このように、民事再生手続は、原則として債務者に業務遂行権や財産管理処分権が残るＤＩＰ型の手続であることから、法的倒産手続を検討する企業（特に、オーナー企業の社長など）にとっては、手続に入った後も自己の手元に経営権が残るという意味において、利用に踏み切る際の心理的なハードルが相対的に低いといえよう。

③　担保権の取扱い

再生手続開始の時において、再生債務者の財産上に存在する担保権を有する者は、その目的財産について、「別除権（べつじょけん）」を有するとされる。そして、民事再生法上、この別除権は、再生手続によらないで行使することができるとされている。すなわち、再生債務者の財産に担保権を有する担保権者（別除権者）は、原則として、手続中も自由に当該担保権を行使することができるわけである。これは、手続開始決定に伴い、担保権の行使が禁じられる会社更生手続との大きな違いの一つであるといえる。

④　再生計画案の可決要件

民事再生手続における再生計画案も、会社更生手続における更生計画案も、可決のための要件が各法律により規定されているが、その可決要件には違いがある。

民事再生手続では、投票に参加した議決権者の過半数の同意（頭数要件）と、議決権者の議決権総額の二分の一以上の議決権を有する者の同意（議決権額要件）の両方が満たされた場合、計画案は可決となる。

これに対し、会社更生手続では、更生債権、更生担保権（更生担保権については後述する）等によって組分けがされ、更生債権であれば議決権を行使することができる者の議決権の総額の二分の一を超える議決権を有する者の同意、更生担保権であれば、計画案の内容によって、議決権総額の三分の二以上の議決権者の同意（更生担保権の期限の猶予の定めをする場合）、議決権総額の四分の三以上の議決権者の同意（更生担保権の減免の定めなどをする場合）、議決権総額の一〇分の九以上の議決権者の同意（事業の全部を廃止する場合）がそれぞれ必要となるが、頭数要件は設定されていない。

したがって、民事再生手続においては、議決権総額（≒債権総額）にして半数以上の債権者から賛成を得ればよいだけでなく、頭数要件の観点から、多数の債権者からの賛成を得る必要がある。この可決要件の違いは、たとえば、消費者被害事件を起こした食品会社や、過払金債権者を抱える消費者金融会社など、頭数にしてきわめて多数の債権者が存在しているような会社の再生型法的倒産手続の選択を検討する際には、重要なポイントとなりうる。

B 再生手続開始の申立て〜再生手続開始決定

① 手続開始の申立て

民事再生手続を利用しようとする者は、裁判所に対して、再生手続開始の申立てを行う必要がある。この申立ては、通常、書面（俗に、「再生手続開始申立書」あるいは、単に「申立書」といわれる）で行われるが、そこで債務者は、「再生手続開始の原因となる事実」を疎明しなければならない。

この「再生手続開始の原因となる事実」とは、(i)債務者に破産手続開始の原因となる事実の生ずるおそれがあること、または、(ii)債務者が事業の継続に著しい支障をきたすことなく弁済期にある債務を弁済することができないこと、のいずれかを指す。このうち、(i)の「破産手続開始の原因」はさらに、「支払不能」と「債務超過」に細分化される（ただし、「債務超過」は、債務者が（合名会社・合資会社を除く）法人である場合にのみ適用がある）。

支払不能とは、「債務者が、支払能力を欠くために、その債務のうち弁済期にあるものにつき、一般的かつ継続的に弁済することができない状態」と定義される。簡単にいえば、資金繰りが破綻している状態である。また、債務超過とは「債務者が、その債務につ

図表３　再生手続開始の申立て～再生手続開始決定

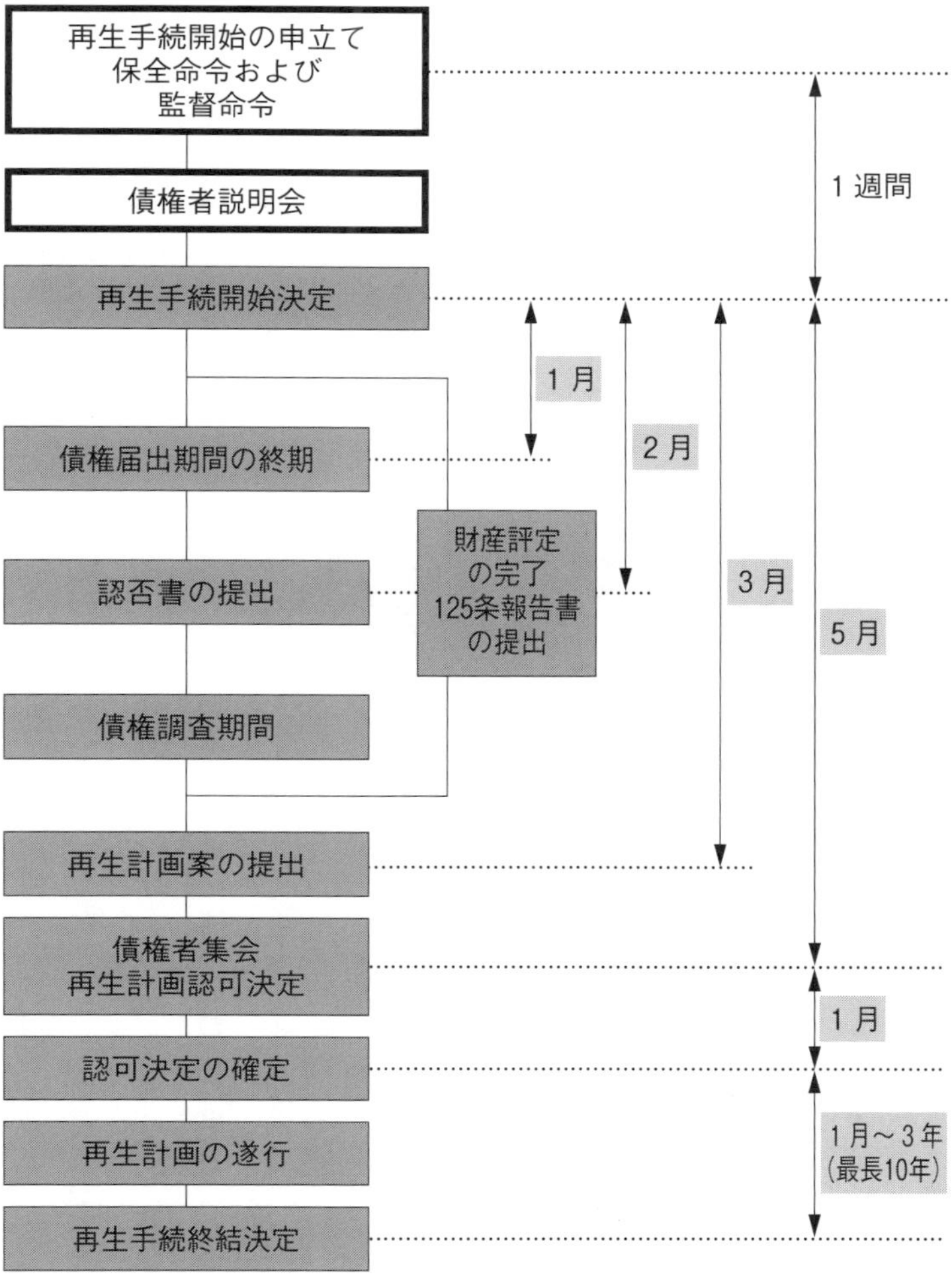

※東京地方裁判所の標準スケジュールを参考としている。

き、その財産をもって完済することができない状態」、すなわち、当該法人の全財産を売却しても、すべての負債を弁済するに足りない状態を指す。また、(ii)の「債務者が事業の継続に著しい支障をきたすことなく弁済期にある債務を弁済することができない」状態とは、資金繰りを破綻させないことはできるものの、そのためには、債務者の事業にとって必要な不動産や商品等の処分をしなければならず、事業継続に著しい影響がある場合などを想定しているものである。

このように、民事再生法は、実際に破産手続開始の原因となる事実が生じていることまでは要求せず、これが生じる「おそれ」を再生手続開始の原因としたり、債務者がその事業にとって必要な財産等を売却してしまい再起不能な状態になる前に手続開始の申立てができるようにすることで、少しでも早い再生手続の申立てを促そうとしているわけである。

② 保全処分・監督命令の発令

(ア) 保全処分

再生手続の開始決定が出されると、原則として、それ以前の原因に基づいて発生した債権（これを民事再生法上「再生債権」という）の弁済は一時棚上げとなり、後に策定される再生計画に基づいて弁済を受けることになる。手続が開始された以上、再生債権は平等に取り扱う必要があるためである。

しかしながら、前述のとおり、債務者が再生手続開始の申立てをした事実は、たちまち世間に知れ渡ることになる。この場合、申立てから開始決定までの間に、債務者は、一部の債権者から債務の弁済や担保の提供を強要されるおそれがある。仮に、このような一部の債権者の要請に債務者が応じてしまえば、債務者の資金はたちまち枯渇して事業の継続に著しい悪影響をきたすおそれがあるし、他の債権者からは、不公平であるとの非難を受け、再生手続の円滑な遂行や後の再生計画の作成および成立を困難にするおそれさえもある。そこで、民事再生法は、債務者が再生手続開始を申し立てた場合、再生手続開始決定までの間、債務者の財産に関し、必要な保全処分を命ずる権限を裁判所に与えている。この権限に基づき、裁判所は、実務上、申立てと同時（あるいはそれに近接した時期）に、申立日以前の原因に基づいて発生した債権への弁済や担保提供の禁止を命じることで、債権者間の不平等の発生を防止し、適正公平な再生手続の遂行を図っている。

(イ) 監督命令

前述のとおり、再生手続はＤＩＰ型を原則とする手続であるところ、法的倒産手続を申し立てるに至った原因をつくりだした張本人たる再生債務者（およびその経営陣）が、手続開始後も従前となんら変わらぬまま業務を遂行しうるとすれば、債権者は納得がいかないであろうし、また、そのような状況を認める民事再生手続自体に対する社会の信頼も得られない。このような弊害を防止すべく、民事再生法は、裁判所が「監督委員」という第三者を選任し、この監督委員に、再生債務者の監督を命ずることができる旨を規定している。監督委員は、再生債務者の業務や財産状況についての調査権、裁判所が指定した再生債務者の重要な行為についての同意権など各種権限を有し、また、再生手続開始に関する意見や、再生債務者が提出する再生計画案に対して意見を述べることもある。通常、監督委員には再生債務者と利害関係のない第三者たる事業再生に精通した弁護士が就き、必要に応じ、会計士や税理士を補助者とする場合が多い。これにより、DIP型ながらも、民事再生手続に対する公平性・透明性といったものが確保されているといえよう。なお、東京地方裁判所においては、原則として、すべての民事再生案件において監督委員を選任する運用となっている。

③　債権者説明会の開催

民事再生法上は、債権者説明会の開催が義務づけられているわけではない。しかしながら、適時適切な情報開示を行うことは債権者の民事再生手続に対する理解を得るのに資すること、個別説明よりも効率的であること、また、監督委員の再生手続開始に関する意見形成に資すること、といった理由から、実務上は、再生手続開始の申立てから再生手続開始決定までの間に、債権者説明会が開催されることが通例である。

債権者説明会では、(i)再生債務者の代表者のお詫びの挨拶、(ii)民事再生手続開始申立てに至る経緯の説明、(iii)今後の手続の流れの説明などが行われ、その後、債権者からの質疑に再生債務者代表者や代理人弁護士が答える、という流れが一般的である。この場における対応や説明に対する債権者の印象は、その後の手続においても大きく影響する場合があることから、実務上は、配布資料の準備、シナリオや想定問答集の作成、リハーサル等、事前に綿密な準備を行ったうえで本番に臨むことが求められる。

C 再生手続開始決定～再生計画案の提出

① 再生手続開始決定

(ア) 開始決定の要件

裁判所は、再生手続開始の原因となる事実があり、かつ、再生手続開始の申立てを棄却しなければならない事由がないと判断した場合には、再生手続開始決定をする。

この「再生手続開始の申立てを棄却しなければならない事由」には、

① 再生手続の費用の予納がないとき

② 裁判所に破産手続または特別清算手続が係属し、その手続によることが債権者の一般の利益に適合するとき

③ 再生計画案の作成もしくは可決の見込みまたは再生計画の認可の見込みがないことが明らかであるとき

④ 不当な目的で再生手続開始の申立てがされたとき、その他申立てが誠実にされたものでないとき

が掲げられている。

図表４　再生手続開始決定～再生計画案の提出

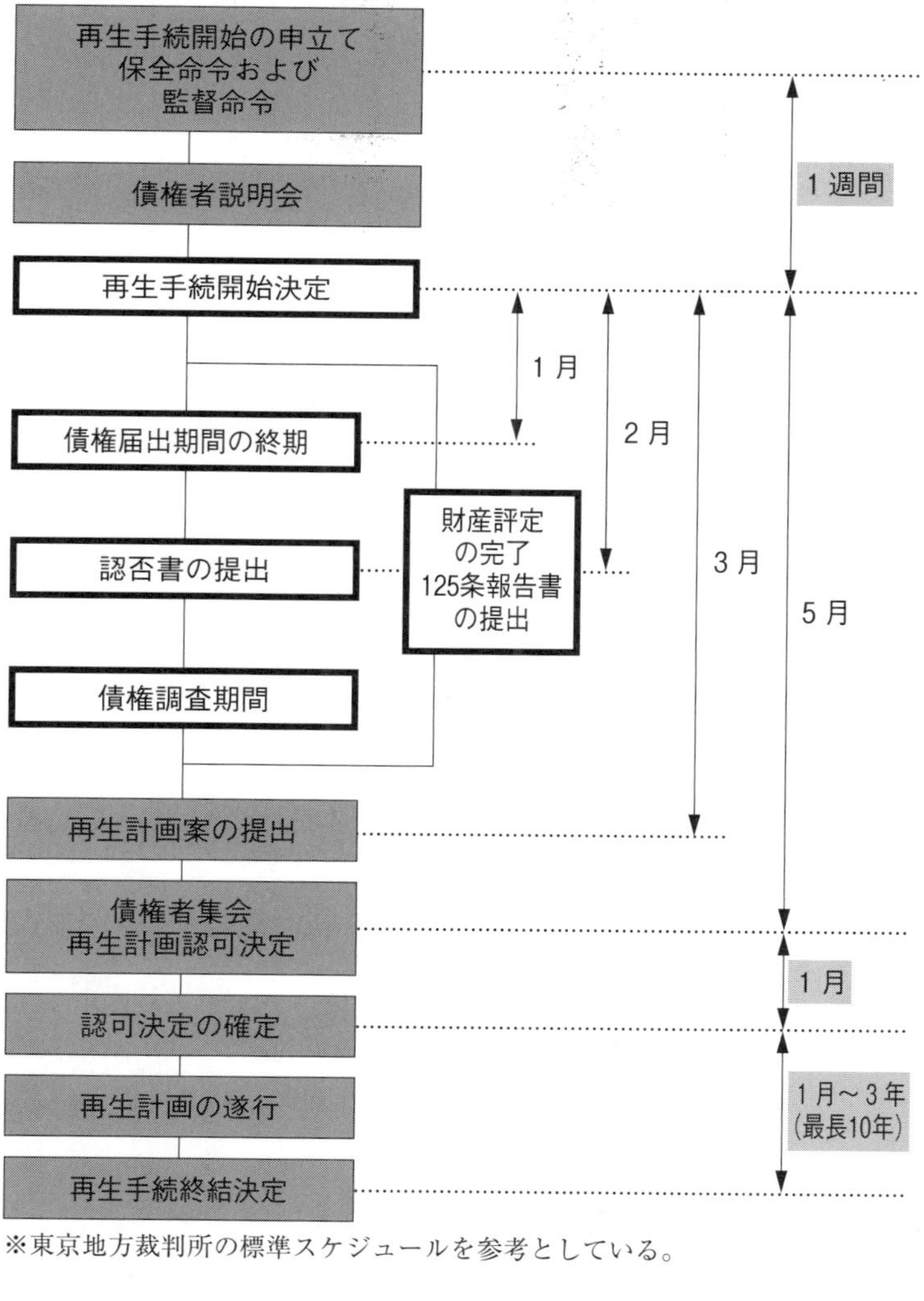

※東京地方裁判所の標準スケジュールを参考としている。

①は、国の負担において再生手続が進められるべきではないことがその趣旨とされる。実務上、各地方裁判所は、民事再生手続の利用に際して納付すべき予納金額の基準を公表している。予納金額は、債務者の負債総額に連動して設定されていることが通常である。

②は、再生手続を遂行しても清算価値保障原則を守ることができない場合を指す。

③は、たとえば、事業に必要不可欠な資産に担保権を有している担保権者（別除権者）が民事再生手続に強硬に反対しており、再生計画を作成できないような場合や、大口債権者が民事再生手続に強く反対しており、再生計画案が可決される見込みがないような場合がこれに当たる。

④は、抽象的・包括的な規定であるが、たとえば、再生手続申立てに付随する保全処分を利用することで一時的に債権者からの追及をかわし、この間に資産隠しをしようとする場合などがこれに当たるとされる。

(イ)　開始決定の効力

再生手続開始決定には、各種の効力がある。主なものとしては、以下のようなものがあげられる。

a　弁済禁止効

前述したとおり、開始決定が出されると、原則として、再生債権は（後に策定される）再生計画によらなければ弁済をし、また、弁済を受けることができなくなる。これを「弁済禁止効」という。もっとも、前述のとおり、実務上は、再生手続開始申立てに伴う保全処分によって、それ以前の原因に基づいて発生した債権の弁済が原則として禁止されていることが通常である。すなわち、再生手続開始申立てに伴う保全処分によって、事実上、弁済禁止効の発生が前倒しになっているという場合が多い。

なお、民事再生法上、公租公課や従業員の労働債権については、「共益債権」あるいは「一般優先債権」として、再生手続開始後も棚上げの対象にはならず、随時弁済するものとされている。また、開始決定後の原因に基づいて発生した債権（たとえば、開始決定後の取引に基づいて発生した債権）などは、原則として「共益債権」に該当し、こちらも棚上げの対象とはならず、随時弁済されることとなる。

b　個別執行の禁止効・他の倒産手続の中止効

開始決定により、再生債権に基づく強制執行等はできなくなる。また、すでになされている強制執行等は中止される。これは、弁済禁止効と同様、再生手続が開始された以上は、再生債権者を平等に取り扱うべきであることをその趣旨とする。
また、開始決定によって、破産手続や民事再生手続、特別清算手続の開始申立てはできなくなる。清算型手続よりも、再生型手続を優先させることがその趣旨である。

c　再生債務者の地位の変化——公平誠実義務の存在

前述のとおり、民事再生手続はＤＩＰ型を原則とする手続であり、開始決定の前後で、業務遂行権や財産管理処分権の主体は変わらない。しかしながら、民事再生手続という法的手続を利用する以上、その利用者には、手続の公正を保つことが要請される。民事再生手続が開始された場合、再生債務者は、債権者に対して、公平かつ誠実に、業務遂行権や財産管理処分権を行使し、手続を追行すべき旨が、民事再生法上も明確に規定されている。

すなわち、ＤＩＰ型手続でありながらも、民事再生法は、他面において、再生債務者に第三者的な地位を認めているともいえるのである。

② 再生計画案の作成に向けた作業——再生債務者の負債と資産の調査・確定

民事再生手続の目指すところは、再生債務者において再生計画案を策定し、再生債権者の多数の同意によって成立した当該再生計画に基づきその負債を整理し、もって、再生債務者の事業を再生させることである。したがって、このプロセスにおいては、再生債務者の負債（再生債権）の状況を明らかにし、他方でその資産状況を明らかにすることで、再生計画案において再生債権者に対していかなる権利変更（債権放棄や弁済期の猶予等）を求めるべきかを検討する必要が出てくるわけである。

(ア) 負債の調査――再生債権の届出と調査・確定

前述のとおり、民事再生手続がいったん開始されると、弁済禁止効により、原則として、再生債権者は、自己の保有する再生債権を個別に行使することができず、再生計画の定めによるところによらなければ弁済を受けられなくなる。そこで、手続に参加しようとする（すなわち、再生計画に基づく弁済を受けようとする）再生債権者としては、自己の債権額やその発生原因等を、裁判所に届け出なければならない。

もっとも、再生債権者が届け出た債権の額や内容が、常に再生債務者の認識と一致しているとは限らない。時には、再生債権者の集計間違いが存在している場合もあろうし、再生債権者の主張する債権の金額や内容が評価を伴うものであり（たとえば、再生債権者の届け出た再生債権が、未確定の損害賠償請求権である場合などがこれに該当する）、この評価について再生債務者と認識を異にする場合もあろう。そこで、民事再生法は、再生債務者に対し、再生債権者が届け出た再生債権の内容等について、これを認めるか否かを記載した認否書を作成し、これを裁判所に提出することを義務づけている。なお、民事再生手続においては、再生債権者からの届出がない債権であっても再生債務者がこれを認識している場合には、これを自認したうえで、認否書に記載しなければならない。民事再生手続はＤＩＰ型を原則とするところ、再生債務者自身が認識している再生債権の届出がないからといって、これを失権させるとするのでは衡平の理念に反する、というのがその趣旨である。

届出をした再生債権者は、一定の期間内に、この認否書に記載された再生債権の内容について、異議を述べることができる。通常、再生債権者としては、自己が届け出た債権の認否にのみ興味や利害関係を有している場合が多いものであるが、場合によっては、他の再生債権者が届け出た再生債権について異議を述べる場合もある。たとえば、再生債務者の関係会社や代表者の親族が、多額の不明朗な再生債権を届け出ているような場合には、再生債務者が認否書においてこれを認める旨の認否をしているときであっても、他の再生債権者がこれに異議を述べることができる。

この債権調査の過程において、再生債務者が認否書で認め、かつ、他の再生債権者からも異議が出なかった再生債権は、確定する。この確定した再生債権は、裁判所書記官によって再生債権者表に記載され、再生債権者の全員に対して確定判決と同一の効力が与えられる。

他方、債権調査の過程において、再生債務者が認めなかった、あるいは、他の再生債権者から異議が述べられた再生債権については、直ちには確定しない。このような異議等のある再生債権を有する再生債権者は、その内容の確定のために、再生債務者や異議を述べた再生債権者を相手取り、裁判所に「査定の申立て」を行うことができ、また、この査定の申立てに対する裁判所の判断に不服がある当事者は、さらに「異議の訴え」を提起することができる。このようなプロセスを経て、争いが生じていた再生債権についても、最終的には確定をみることになる。

(イ) 資産の調査――財産評定・一二五条報告書

再生債権者による債権届出や再生債務者による認否等の過程を経て負債が明らかにされる一方、再生債務者は、再生手続開始決定後遅滞なく、自己に属するいっさいの財産について、再生手続開始決定時における価額を評定したうえで、その結果を反映した財産目録および貸借対照表を裁判所に提出することを義務づけられる。この再生債務者における作業を、一般的に「財産評定」という。

民事再生規則上、この評定は、「財産を処分するものとしてしなければならない」、すなわち、「処分価格」を基準として行わなければならないとされている。処分価格で資産を評定することにより、再生債務者が再生手続開始決定の時点において清算（破産）したと仮定した場合の資産価値が把握でき、また、再生債務者が清算（破産）した場合の債権者に対する配当率が算出されることになる。再生債務者としては、清算価値保障原則をクリアするため、この財産評定において算出される清算配当率（破産配当率）を上回る弁済率が確保された再生計画案を作成しなければならない。

また、実務上、再生債務者は、この財産評定の結果を裁判所に提出するのと同時期に、裁判所に対して、再生手続開始に至った事情や、再生債務者の業務および財産に関する経過および現状などをまとめた報告書を提出することが求められる（この義務が民事再生法一二五条に定められていることから、実務上、この報告書は「一二五条報告書」と呼ばれる）。財産評定という単純な経済合理性に関する資料のみならず、再生債務者が再生手続開始に至った経緯や、その財産や業務等に関する情報を裁判所や監督委員、再生債権者といった利害関係人に対して報告させることで、これら利害関係人に、再生債務者の事業の再生の見込みの判断材料や、再生計画案に対する賛否の判断材料を与えようとしているものである。

(ウ) 担保権者との交渉――別除権協定

前述のとおり、民事再生手続においては、再生手続開始の時に再生債務者の財産上に存在する担保権は「別除権」とされ、この別除権を有する者（別除権者）は、原則として、再生手続によらないで自由に当該担保権を行使することができる。

この点、再生債務者の事業遂行に必要不可欠な資産（たとえば、不動産、売掛金債権、在庫、リース資産（倒産法上、いわゆるファイナンス・リースについては、担保権と整理されるのが判例・実務の取扱いである）等）に担保権が設定されている場合、再生債務者においては、何とかして担保権者（別除権者）の自由な担保権の実行を阻止しなければならない。そこで、再生債務者としては、再生手続開始決定後、すみやかに別除権者との間で協議・交渉を行ったうえで、担保目的物の取扱いや被担保債権の弁済方法等に関する合意（これを「別除権協定」という）を締結することが望ましいとされる。これにより、再生債務者としては、その事業にとって必要不可欠な資産に対する担保権の実行を防ぐことができ、安定した事業の継続（ひいては事業の再生）を確保することができるのである。

もっとも、場合によっては、不幸にして条件面等において別除権者との折り合いがつかず、別除権協定の締結に至らないケースもあろう。このような場合を想定し、民事再生法は、一定の要件のもと、再生債務者が、担保物件の価額に相当する金銭を裁判所に納付することによって、当該物件上に存在する担保権を強制的に消滅させることができる「担保権消滅許可制度」を設けている。ただ、この担保権消滅許可制度のなかにおいても、物件の価額等について別除権者と再生債務者との間で激しい争いが行われることが通常であることから、やはり民事再生手続においては、任意の交渉による別除権協定の締結がまずは志向されるべきであろう。

(エ) 再生債務者の資産・負債を適正に調整するその他の規律――相殺禁止と否認権

a 相殺禁止

再生債権者が、同時に再生債務者に対して債務を負っている場合、自己の（棚上げされている）再生債権と、再生債務者に対して負担する債務を相殺したいと考えるのが通常であろう。そこで、民事再生法は、再生債権者が再生手続開始決定時に再生債務者に対して債務を負っており、債権届出期間の満了前に相殺可能な状態になっている場合には、当該債権届出期間満了前に限り相殺をすることができるとしている。再生債権者の相殺に対する合理的な期待と、再生債務者における「早期に再生債権の全体像を把握し、再生計画案の策定を進めたい」という要請とを調整する規定といえよう（なお、清算型たる破産手続においては、このような相殺権行使の時期的な制限は存在しない）。

もっとも、このような相殺権の行使には、一定の例外がある。詳細については民事再生法の条文を参照していただきたいが、大まかにいえば、①再生債権者が、再生債務者の支払停止や支払不能、再生手続開始の申立て等があった後に再生債務者に対して債務を負担したときであって再生債権者がそのような事実の存在を知っていた場合や、逆に、②再生債権者が、再生債務者の支払停止や支払不能、再生手続開始の申立て等があった後に再生債権を取得したときであって再生債権者がそのような事実の存在を知っていた場合や再生手続開始後に他人の再生債権を取得した場合などには、相殺が禁止される。このような場合にまで相殺を認めるとすれば、債権者間の平等を害することになるからである（たとえば、債務者が倒産状態にあることを知った債権者が、その後に債務者に対する債権を安価で買い集め、これと自己の債務とを相殺するような状況を思い浮かべるとわかりやすいだろう）。

実務上、この相殺禁止規定は、再生債務者の預金の相殺防止に関して重要な機能を果たす場合がある。再生債務者は、金融機関から借入れを行っていると同時に、当該金融機関に預金口座を開設しており、当該預金口座に日々の売掛金の入金等があることも多いためである。このような場合、再生債務者としては、再生手続の申立て直後に、ＦＡＸ等で当該金融機関に対して再生手続開始申立ての事実を知らせることで、以後、当該預金口座に入金される売掛金等と当該金融機関が再生債務者に対して有する貸付債権との相殺を防ぎ、以後の民事再生手続の遂行や日々の事業に必要な資金を確保するわけである。

ｂ　否　認　権

これまで述べてきたとおり、民事再生手続における再生債務者の資産・負債の把握は、再生手続開始決定時点において存在するものを基本としている。しかしながら、民事再生手続に限らず、法的倒産手続を利用する債務者（つまり、経営に行き詰まった債務者）においては、申立て直前の時期に、（要請されたか否かは別として）一部の債権者のみに対して偏頗（へんぱ）的な弁済や担保提供を行っていたり、経営者の保身等のために一部の資産を第三者（自己の関係者である場合が多い）に対して安価に（時には無償で）譲渡していたりすることも往々にしてある。

このような、実質的な破綻時期における特定の債権者を利する行為や、会社財産を害する行為を是正する手段として、民事再生手続においては、「否認権」という制度が用意されている。否認権が認められる要件は、法律において細かく規定されているが、この否認権の行使により、手続中立て前の偏頗的な行為や詐害的な行為が否定され、本来あるべき再生債務者の財産の回復が図られるのである。なお、否認権は、民事再生手続のみならず、破産手続や会社更生手続においても規定されており、これら手続においては、管財人がこれを行使することになっている。もっとも、従前の経営陣が手続開始後も業務遂行権や財産管理処分権を有するＤＩＰ型を原則とする民事再生手続では、管財人が選任されていない限り、裁判所からその権限を付与された監督委員が否認権を行使することとなっている。

③ 再生計画案の策定――自力型の再生か、スポンサー型の再生か

以上のプロセスを経て、再生債務者の資産・負債の状況や、清算（破産）した場合の配当率といったものが明らかになる。これをふまえ、再生債務者は、裁判所が定めた期限までに、法律上の要件を満たし、かつ、再生債権者の多数の同意を得て可決に至るような再生計画案を作成・提出する必要がある。

再生計画案には、法律に定められた種々の事項が記載されるわけであるが、これを最も重要なポイントをあげて一言で説明せよといわれれば、「再生債権の権利変更と、その弁

済方法について規定したもの」ということができるかもしれない。すなわち、再生計画案では、再生手続開始決定により（あるいは、その前段階の保全処分により）一時棚上げになっている再生債権についての権利の変更（たとえば、債権放棄や、弁済期の猶予等）と、その権利変更後の再生債権の弁済方法（弁済時期や弁済額など）が定められるのである。

この場合、当然のことながら、再生債務者としては、再生計画案に定めた再生債権者への弁済に関して、その弁済原資をどのように調達するのかを再生計画案に記載する必要がある。弁済原資の調達根拠がわからないような無責任な再生計画案、言い換えれば、遂行される見込みが不明確な再生計画案は、再生債権者の理解・賛同を得られないおそれがあるどころか、そもそも、民事再生法上、裁判所がそのような遂行見込みのない再生計画案を債権者集会の決議に付することを認めないためである。

そこで、再生債務者としては、再生計画案の策定のため、どのようにして再生債権に対する弁済原資を捻出するのかに頭を悩ませるところであるが、弁済原資の捻出方法は大きく二種類に分類しうる。自力型とスポンサー型である。

(ア) 自力型とは

自力型とは、文字どおり、再生債務者が今後も独力で事業を継続し、自力で再生債権に対する弁済原資を捻出する、という方法である。

自力型においても、通常は、再生債務者自身において、不採算事業の統廃合やこれに伴う人員整理、また、場合によっては採算がとれる可能性がある新規事業への進出といった一定の事業リストラが行われる。これに、再生計画案による財務リストラ（負債の圧縮・弁済期の猶予等）をあわせ、事業を維持・継続していくというのが基本的な自力型の形態といえよう。

もっとも、事業リストラや財務リストラがなされるといっても、第三者（スポンサー）の力を頼らない以上、自力型の場合、再生債務者が創出・確保できる毎期の弁済原資にはおのずと限界がある。特に、自力型では、財産評定の結果試算される清算配当率（破産配当率）を上回る弁済を実現するための弁済原資を一括で準備することがむずかしい場合が少なくない。したがって、自力型の場合には、再生債務者が毎期獲得する収益の一部を長期にわたって分割弁済する計画が立てられることが多い。

再生債権者としては、「再生債務者の立案した長期にわたる当該事業計画・弁済計画が、本当に実現可能性があるものか否か」といった点に着目して、再生計画案に対する賛否を検討することが重要になる。

(イ) スポンサー型とは

スポンサー型とは、再生債務者が、第三者であるスポンサーからの支援を受けて弁済原資を捻出する方法である。すなわち、スポンサーにおいて資金を準備し、これを再生債務者に投下することで、再生債務者の再生債権者に対する（主たる）弁済原資を確保しようとするものである。この場合、スポンサーから供与される資金で、清算配当率（破産配当率）を上回る弁済を一括で実現できる場合が少なくない。したがって、スポンサー型の場合には、再生債務者がスポンサーから投下された資金を再生債権者に一括で弁済するような計画が立てられることが多い。

この場合、再生債権者（特に、再生債権の弁済さえ実現されれば、再生債務者との今後のかかわりがなくなる者）としては、再生債務者の今後の事業計画といったものには興味がない場合も多いだろう。そのような者からすれば、「スポンサーから再生債務者に投入される資金の額は本当に適正なのか。また、スポンサーはいかなる者であり、この者からの資金の投入は確実といえるのか」という点が、再生計画案に対する賛否を検討するうえで最も重要になってくるといえよう。

なお、一言に「スポンサー型」といっても、その支援の方法にはさまざまあり、その意味ではスポンサー型もさらに細かく分類できるところである。以下では、スポンサー型のうち、代表的な二つの形態として、「増資・融資型」と、「事業譲渡・会社分割型」を紹介する。

a　増資・融資型とは

増資・融資型とは、スポンサーが、再生債務者に対して増資あるいは融資を行うことで、再生債権者に対する弁済資金や今後の事業運営資金を投下する方法である。この方法は、再生債務者において今後も事業を維持・継続することを前提とするものである。

なお、スポンサーによる増資が行われる場合には、あわせて、再生債務者が既存の株主の株式を取得して、その権利を消滅させることが多い（これを一般的に「一〇〇％減増資」などというが、これによりスポンサーが再生債務者の唯一の株主となり、役員の交代やその他の組織再編行為等を自由に行うことができる状態となる）。株式会社が既存の株主の株式を取得しようとする場合には、原則として、株主総会決議をはじめとする会社法上の手続が必要となるが、民事再生法上、株式会社である再生債務者が債務超過である場合には、あらかじめ裁判所の許可を得たうえで、その旨の条項を再生計画案に規定することで当該手続を省略することができる。

b　事業譲渡・会社分割型とは

事業譲渡・会社分割型とは、再生債務者の事業をスポンサーに対して事業譲渡や会社分割の方法により移転させ、スポンサーから再生債務者に対しては、その事業譲渡や会社分割（株式譲渡）の代金が支払われるというものである。再生債務者は、このスポンサーからの譲渡代金（および、スポンサーへの譲渡対象とならなかった残余の資産の換価代金）を、再生債権者に対する弁済に充てることになる。

なお、民事再生法上、再生債務者が事業譲渡を行おうとする場合には、裁判所の許可を得なければならないこととされている。これは、裁判所が当該事業譲渡の必要性や相当性についてのチェックを行うことによって、債権者が不当な不利益を被ることを防止しようという趣旨である。この点、裁判所が当該許可をするにあたっては、法律上、再生債権者の意見を聞かなければならないとされている。その方法としては、裁判所が「意見聴取期日」という期日を設け、その場で、再生債務者から再生債権者に対する各種説明（スポンサー選定の経緯、スポンサーの概要、事業譲渡代金の相当性など）や質疑応答がなされることが多いが、実務上は、再生債務者において、事前に任意の説明会を開催したり、主要な債権者には個別説明に回るなどして、あらかじめ当該事業譲渡についての理解・賛同を得ておく場合も少なくない。なお、会社分割を行う場合には、このような裁判所の許可を必要とする明文の規定は民事再生法上には存在していないが、近時は、事業譲渡と会社分割との類似性にかんがみ、再生債務者が会社分割を行おうとする場合にも、裁判所の許可を取得しなければならない旨の指定が裁判所からなされることも多い。

また、事業譲渡や会社分割を行おうとする場合、会社法上、原則として、株主総会決議による承認が必要となる。しかしながら、通常、債務超過の状態（すなわち、株式には価値が認められない状態）にある再生債務者の株主は、すでに再生債務者の存続に興味を失っていることが多く、株主総会決議に必要な定足数さえ確保することができない可能性がある。加えて、きわめて多数の株主が存在する上場会社が民事再生手続を申し立てたような場合には、株主総会を開催すること自体、膨大な時間的・経済的コストを要する場合も少なくない。そこで、民事再生法は、株式会社である再生債務者が債務超過にあり、かつ、事業譲渡をすることがその事業の継続のために必要である場合、裁判所が、事業譲渡に必要な株主総会の決議にかわる許可を与えることができるとしている。これにより、債務超過の状態にある再生債務者は、株主総会の招集および決議を経ることなく、裁判所の許可により事業譲渡を実行することが可能となっている。なお、会社分割については、このような株主総会の決議にかわる裁判所の許可の制度は設けられていない。したがって、再生債務者の事業を会社分割によって移転しようとする場合には、原則どおり、再生債務者において株主総会を開催し、当該会社分割についての承認決議を得なければならない。

c　増資・融資型と事業譲渡・会社分割型の選択の視点

では、再生債務者を支援しようとするスポンサーとしては、増資・融資型と事業譲渡・会社分割型のいずれの方法を選択すべきか。この選択においても、再生債務者を取り巻くさまざまな状況を分析・検討することが必要となるが、以下では、その主な視点について簡単に解説しておこう。

増資・融資型と事業譲渡・会社分割型の大きな違いは、「再生債務者という事業体（法人）において今後も事業を継続するのか」、それとも、「事業を第三者に移転したうえで、当該第三者のもとで事業を継続するのか」という点にある。

この点、たとえば、再生債務者の事業が行政上の許認可を必要とするものであり、事業譲渡や会社分割で第三者に事業を移転した場合には、この許認可の承継や新規取得ができないという場合には、スポンサーとしては、増資・融資型を選択せざるをえない。

他方、増資・融資型は、スポンサーにとって再生債務者という事業体（法人）を丸ごと取得することに等しいわけであるが、再生債務者には、必ずしも事業にとって必要な資産のみがあるばかりではなく、スポンサーが取得することを望まない不要な資産や契約などが存在している場合も多い。また、倒産に至った再生債務者には、隠れた負の遺産（たとえば、簿外債務や違法行為等）が存在していることも多く、そのリスクは絶対に遮断しておきたいという希望もあるだろう。このような場合には、既存の器をそのまま生かす増資・融資型ではなく、必要な事業や資産・負債のみを取得することができる事業譲渡・会社分割型が選択されることになろう。

D 再生計画案の提出・成立・遂行～再生手続の終結

① 再生計画案の提出

裁判所が指定した期限までに再生計画案が策定・提出された場合、通常、裁判所は、監督委員に対して、当該再生計画案を決議に付することが相当か否かについての意見書の提出を求める。この監督委員からの意見書の内容も参考にしつつ、裁判所は、民事再生法に定める各種要件が満たされていることを確認のうえ、当該再生計画案を決議に付する旨の決定をする。

再生債権者による決議は、(i)債権者集会で議決権を行使する方式、(ii)書面等による投票によって行われる方式、(iii)これらを併用して行われる方式、のいずれかの方法でなされる。この点、現在の東京地方裁判所の実務では、(iii)の方法が原則としてとられているようである。

なお、民事再生法上、届出をした再生債権者にも再生計画案の提出権が認められているが、実際に再生債権者から再生計画案が提出される事例はきわめて少ない。

図表5　再生計画案の提出・成立・遂行〜再生手続の終結

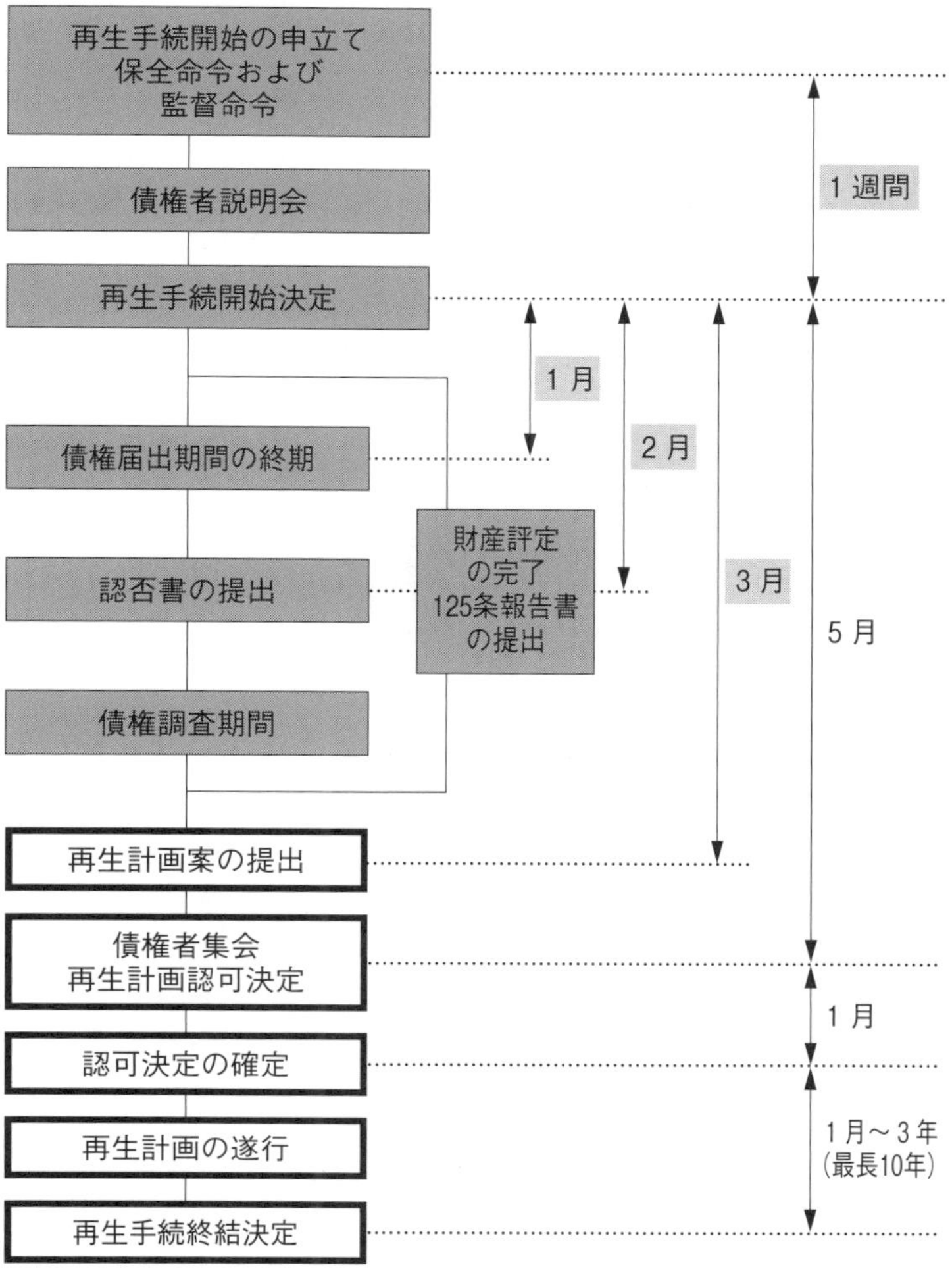

※東京地方裁判所の標準スケジュールを参考としている。

② 再生計画案の決議・認可

決議に付された再生計画案は、(i)債権者集会に出席しまたは書面等投票をした議決権者の過半数の同意（頭数要件）、および、(ii)議決権者の議決権の総額の二分の一以上の議決権を有する者の同意（議決権額要件）のいずれもが満たされた場合、可決となる。

再生計画案が可決されると、裁判所は、(a)再生手続または再生計画が法律の規定に違反し、かつ、その不備を補正することができないものであるとき（ただし、当該違反の程度が軽微である場合を除く）、(b)再生計画が遂行される見込みがないとき、(c)再生計画の決議が不正の方法によって成立するに至ったとき、(d)再生計画の決議が再生債権者の一般の利益に反するとき、という事由がないかをチェックのうえ、これらの事由がないと認める場合には、再生計画の認可決定を下す。この認可決定が確定することにより、「再生計画『案』」は、「再生計画」となり、再生債務者やすべての再生債権者らに対して効力を有することになる。

なお、債権者集会において再生計画案が可決されなかった場合、債権者集会の期日が続行されて当該続行期日で可決に至らない限りは、原則として、再生手続は廃止となる。実務上、再生手続が廃止となった場合には、引き続き破産手続に移行する場合が多い。

③ 再生計画の遂行と再生手続の終結

(ア) 再生計画の遂行

晴れて成立した再生計画であるが、この計画が遂行できてはじめて再生債務者の真の事業再生が実現するというものである。民事再生法が「再生計画認可の決定が確定したときは、再生債務者等は、速やかに、再生計画を遂行しなければならない」とするのもこの現れといえよう。

したがって、再生債務者としては、再生計画に規定した各種事項をすみやかに履行しなければならない。この「各種事項」のなかには、最も重要なものとして、権利変更された再生債権に対する弁済が含まれることは当然であるが、その他にも、再生計画に増資を行う旨が定められているような場合であれば、当該増資に関する手続を遂行することなども含まれる。

(イ) 再生手続の終結

民事再生法上、再生計画認可の決定が確定したときは、再生手続終結の決定がなされるのが原則となっている。もっとも、これには例外があり、監督委員が選任されている場合には、①再生計画が遂行されたとき、または、②再生計画認可決定の確定後三年が経過したとき、に終結決定がなされる。前述のとおり、実務上は、監督委員が選任されることが通常であるため、法律上のこの原則と例外は、運用上は逆転している状態にあるといえるが、これにより、再生債務者における再生計画の遂行に対するチェック機能が働き、再生手続全体に対する信頼が高められていると考えることもできよう。

2 会社更生手続の概要

1においては、民事再生手続の大まかな流れを解説してきたが、次に、会社更生手続についての流れについても紹介しておく。次に掲げる手続の流れ図（図表6～9）も参照しつつお読みいただきたい。なお、会社更生手続も民事再生手続と同じく再生型の法的倒産手続であることから、民事再生手続と手続的に類似する部分については簡単な説明にとどめ、民事再生手続と相違する点に焦点を当てながら解説することとしたい。

A　会社更生手続の特徴

会社更生手続の主な特徴を、前述した民事再生手続の特徴と対比するかたちで簡単に解説する。

①　手続の利用者

民事再生手続とは異なり、会社更生手続は、株式会社のみが利用できる手続である。すなわち、株式会社以外の者は、再生型の法的倒産手続として民事再生手続しか利用できないが、法的倒産手続を利用して事業再生を目指す株式会社としては、民事再生手続のほかに、会社更生手続を利用するという選択肢が存在するわけである。

いずれの手続を利用するかについては、各手続の特徴や、当該株式会社の置かれた状況次第、ということになるが、一般的に、会社更生手続は、民事再生手続に比べて「重厚な手続」といわれることが多い。すなわち、後述するとおり、会社更生手続においては、手続の開始に伴い管財人が選任され、従前の経営陣の業務遂行権や財産管理処分権は失われるし、また、民事再生手続においては自由に実行することができた担保権者の担保権の行使も禁じられ、株主についても手続に取り込まれる。加えて、一般的に、会社更生手続は、民事再生手続に比べてかかる費用が高額となることが多いとされている（たとえば、手続の申立て時に必要となる予納金の額をとってみても、民事再生手続に比べて会社更生手続のほうが高額となる場合が多い）。

したがって、実際に会社更生手続を利用するのは、これら幅広い利害関係人を手続に取り込む必要があり、かつ、多額の手続費用の支出にも耐えうる株式会社、簡単にいってしまえば、株式会社のなかでも特に大きな会社である場合が多い。近時、会社更生手続を利用した主な企業として、日本航空（ＪＡＬ）、ウィルコム、林原、エルピーダメモリなどがあるが、これらはいずれも負債総額が数千億円から数兆円にのぼる巨大会社である。もっとも、担保権の実行を禁止する必要があったり、株主をも手続に取り込む必要があるなど、案件の性質上、会社更生手続を利用せざるをえない（あるいは会社更生手続の利用が適している）場合には、負債総額が数十億円程度であっても会社更生手続が利用されることがある。

②　手続の遂行者――管財人による手続遂行

民事再生手続のように、原則として従前の経営陣に業務遂行権や財産管理処分権が残るＤＩＰ型ではなく、会社更生手続は常に裁判所から管財人が選任される手続である（ただ

図表6　会社更生手続の流れ

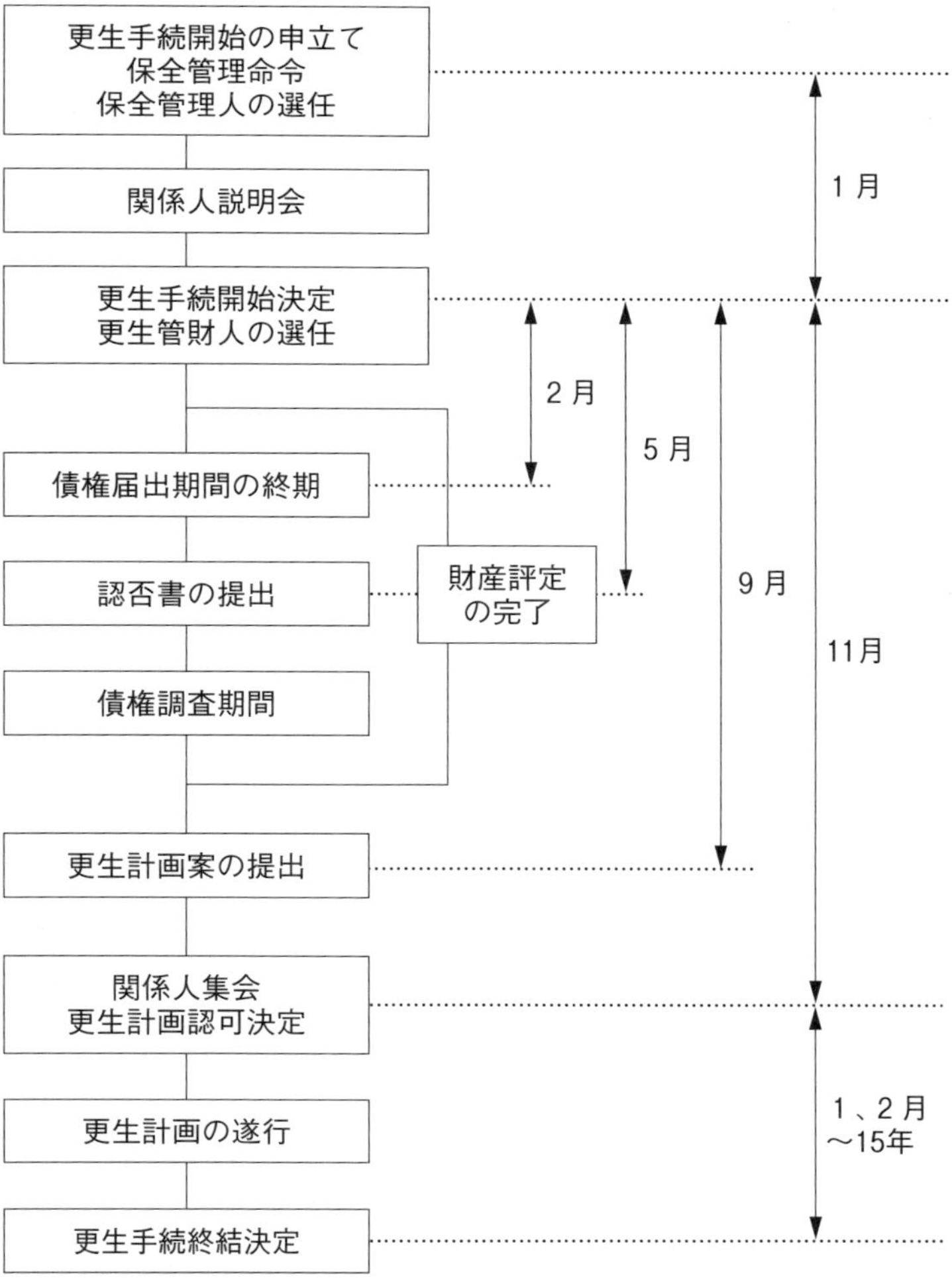

※東京地方裁判所の標準スケジュールを参考としている。

し、近時登場した「ＤＩＰ型会社更生手続」については、後で詳述する）。

③　担保権の取扱い

原則として手続中も自由に担保権の行使ができる民事再生手続とは異なり、会社更生手続では、手続開始決定に伴い担保権の行使が禁じられる。担保権者は、「更生担保権」を有する「更生担保権者」として、会社更生手続のなかに取り込まれることになる。

④　計画案の可決要件

計画案を可決させるための要件として頭数要件が存在している民事再生手続とは異なり、会社更生手続では頭数要件はなく、また、議決権額要件についても権利者の組に応じて細分化された可決要件が設定されている。

再生型の法的倒産手続を利用して事業再生を図ろうとする株式会社としては、これらの特徴を十分に検討して、手続を選択する必要がある。

B 更生手続開始の申立て〜更生手続開始決定

① 申立て

民事再生手続の場合と同様、会社更生手続を利用する場合においても、債務者たる株式会社は、裁判所に対して書面で更生手続開始の申立てをする必要がある。また、この書面においては、「更生手続開始の原因となる事実」が存在することを明らかにしなければならない。

この「更生手続開始の原因となる事実」とは、民事再生手続における「再生手続開始の原因となる事実」と同じであり、株式会社に、(i)破産手続開始の原因となる事実の生ずるおそれがあること、または、(ii)事業の継続に著しい支障をきたすことなく弁済期にある債務を弁済することができないこと、のいずれかの事実があることを指す。

② 保全管理命令の発令

DIP型を原則とする民事再生手続においては、実務上、申立てと同時（あるいはそれと近接した時期）に、保全処分や監督命令が発令され、従前の経営陣による業務遂行が維持されながらも、裁判所や監督委員らの一定の監督下に入ることは前述した。

この点、手続開始決定と同時に管財人が選任され、当該管財人に業務遂行権や財産管理処分権が移転する会社更生手続においては、申立てがなされると、裁判所から、後に管財人に選任される（事実上の）候補者を「保全管理人」に選任する旨の「保全管理命令」が下されることが実務上一般的である。

保全管理命令が下されると、株式会社の業務遂行権や財産管理処分権は、保全管理人に専属することになる。申立てと同時（あるいはそれと近接した時期）に、将来の管財人候補者を保全管理人に就任させ、株式会社の経営や財産管理に着手させることで、手続開始決定後、すみやかに管財人の業務に入ることを可能としているものといえる。裁判所は、保全管理命令発令の際、保全管理人がその行為を行うにあたって裁判所の許可を得なければならない事項を指定する。通常の業務に属さない財産の処分や金銭の借入れなど、当該株式会社の財産状態にとって重要な行為が指定されるのが一般的であり、これにより、保全管理人の業務遂行や財産管理に対する裁判所のチェックを及ぼそうとするものである。

また、保全管理命令が下される場合、この一内容として、それ以前に発生した債務についての弁済禁止や担保提供の禁止等が入ることが通常である。その趣旨は、民事再生手続における保全処分と基本的には同様である。

図表7　更生手続開始の申立て～更生手続開始決定

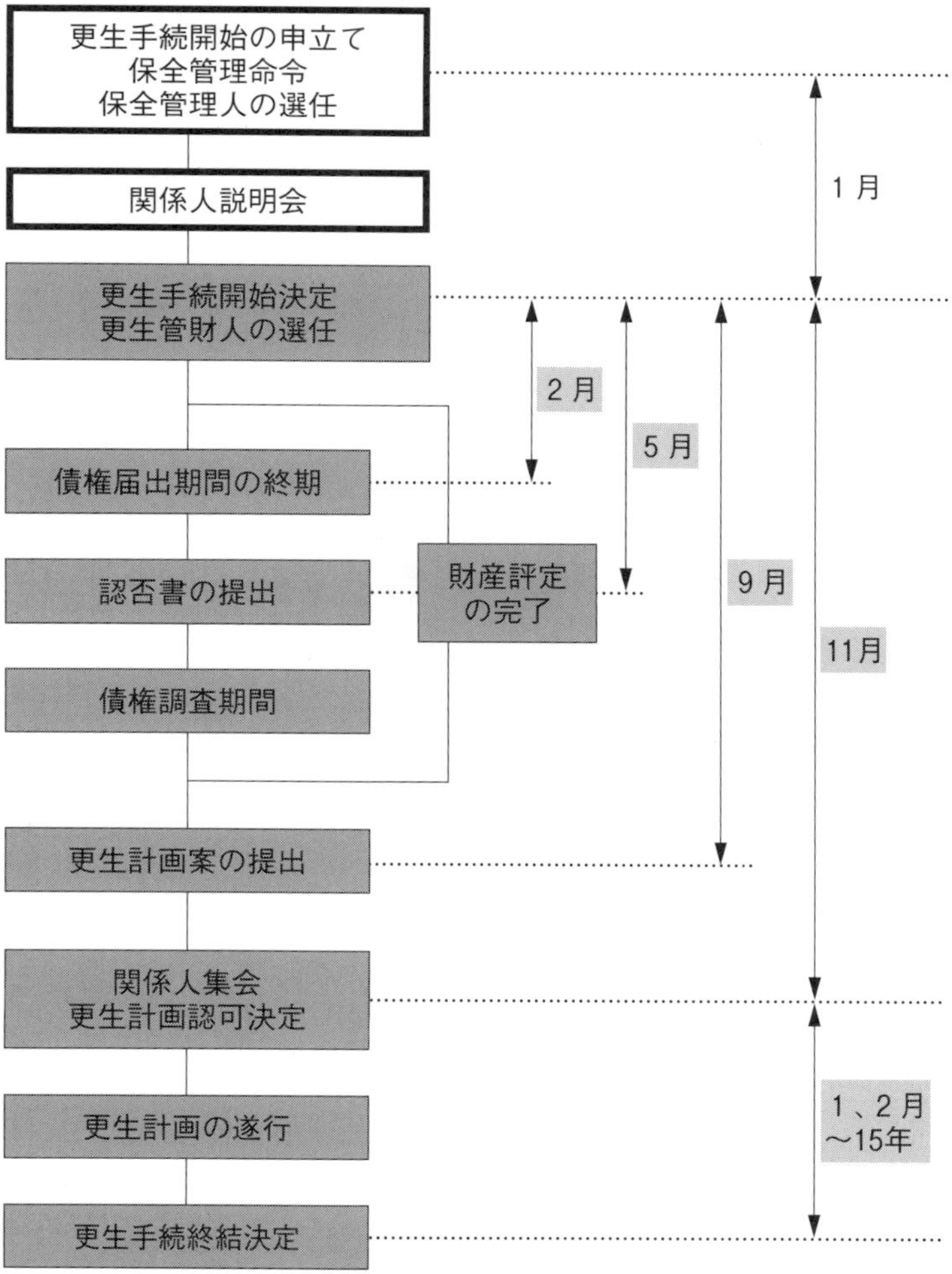

※東京地方裁判所の標準スケジュールを参考としている。

なお、「DIP型会社更生手続」においては、申立てと同時に、「調査委員兼監督委員」が選任されるのが通例となっているが、この点については後に解説する。

③ 関係人説明会の開催

民事再生手続においては、実務上、申立てから開始決定までの間に債権者説明会を開催することが多いことは前述したとおりであるが、会社更生手続においても、実務上、申立てから開始決定までの間に、「関係人説明会」が開催されることが一般的である。要領はおおむね民事再生手続と同様であり、(i)株式会社の代表者のお詫びや保全管理人の就任挨拶、(ii)会社更生手続開始申立てに至る経緯の説明、(iii)今後の手続の流れの説明などが行われ、その後、関係人からの質疑に株式会社（申立代理人）や保全管理人が答える、という流れが多い。「債権者説明会」ではなく「関係人説明会」とされるのは、会社更生手続が、債権者や担保権者のみならず、株主をも手続に取り込む手続であることからである（ただし、通常、会社更生手続を申し立てる会社は債務超過であることが多く、その場合に株主に認められる権利はきわめて限定的である）。

なお、申立て直後の関係人説明会ということもあり、それまで株式会社とはなんらの関係も有していなかった保全管理人としては、株式会社の実情や申立てに至った経緯等について詳細を把握しきれていない場合も多い。そこで、関係人説明会における各種説明や質疑応答は、株式会社およびその申立代理人弁護士が、保全管理人をサポートしながら対応すること（あるいは主導すること）が実務上は重要となる。

C 更生手続開始決定～更生計画案の提出

① 更生手続開始決定

(ア) 開始決定の要件

民事再生手続と同様、会社更生手続においても、裁判所は、更生手続開始の原因となる事実があり、かつ、更生手続開始の申立てを棄却しなければならない事由がないと判断した場合には更生手続開始決定をする。その内容についてはおおむね民事再生手続と同内容であるため詳細については割愛する。

(イ) 開始決定の効力

民事再生手続の場合と同じく、弁済禁止効や他の倒産手続の中止効など、更生手続開始決定には各種の効力が認められている（もっとも、民事再生手続の場合と異なり、会社更生手続では、従業員の労働債権や公租公課についても、一部棚上げになる部分がある）。民事再生手続と異なる主なものとしては、以下のようなものがあげられる。

なお、更生手続開始決定が出た後の株式会社は、会社更生法上、「更生会社」と呼ばれることから、以下では、この「更生会社」という用語を適宜使用することとする。

図表８　更生手続開始決定～更生計画案の提出

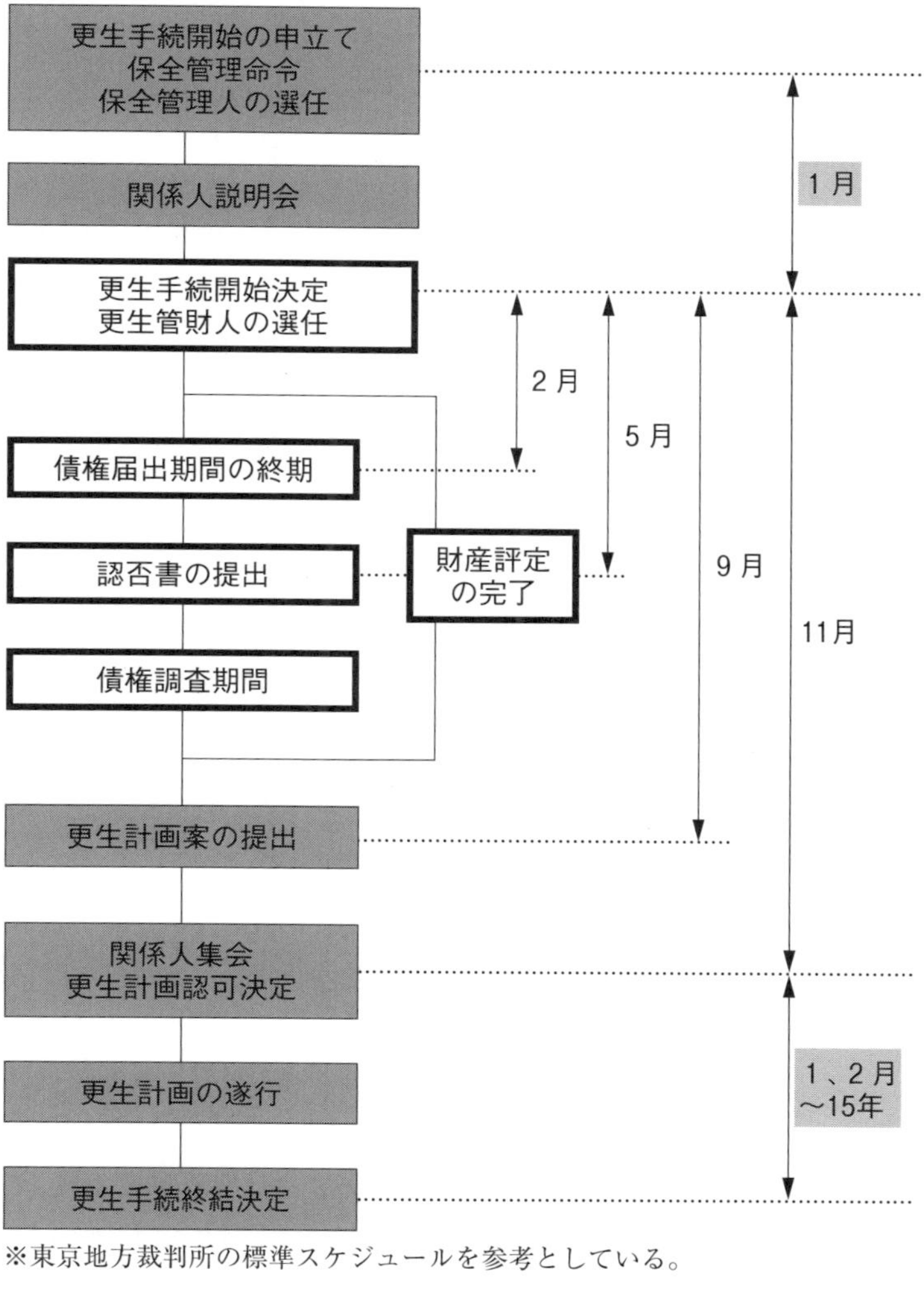

※東京地方裁判所の標準スケジュールを参考としている。

ａ　管財人の選任

会社更生手続においては、手続の開始決定と同時に、必ず管財人が選任される。後述する「ＤＩＰ型会社更生手続」であっても、これは同様である。

これにより、更生会社の業務遂行権や財産管理処分権は、選任された管財人に専属し、善管注意義務を負う管財人の指揮命令のもとで、更生会社の業務が継続されていくこととなる。

ｂ　組織に関する基本的事項の変更禁止効

民事再生手続においては、事業譲渡をしようとする場合に裁判所の特別の許可が必要になる点は前述した。その他会社組織の基本的事項を変更する行為（たとえば、会社分割・合併、増資、定款変更など）については、特段の定めがなく、株主総会決議等、必要な手続を踏めば、原則としてこれを行うことは自由である（ただし、裁判所から許可が必要な行為として個別に指定される場合はある）。

他方、会社更生手続においては、手続の開始に伴い、会社組織の基本的事項を変更する行為は法律上禁止され、これらは、更生計画の定めるところによらなければできない（ただし、事業譲渡については民事再生手続と同様の例外規定がある）。会社更生手続が重厚な手続といわれる一つの現れともいえる。

② 更生計画案の作成に向けた作業――更生会社の負債と資産の調査・確定

会社更生手続は、関係人の多数の同意を得て成立した更生計画に基づき、更生会社の負債を整理し、もって、更生会社の事業の再生を実現することが目的である。したがって、民事再生手続と同様、更生会社の負債の状況を明らかにし、他方でその資産状況を明らかにするというプロセスを経たうえで、更生計画案において更生債権者・更生担保権者らに対していかなる権利変更（債権放棄や弁済期の猶予等）を求めるべきかを検討する必要がある。基本的なプロセスは民事再生手続の箇所で説明したところと変わらないため、ここでも民事再生手続との差異を中心として説明する。

(ア) 負債の調査――更生債権・更生担保権の届出と調査・確定

会社更生手続においても、手続開始に伴う弁済禁止効によって、更生債権者は自己の保有する更生債権を個別に行使することができず、更生計画の定めるところによらなければ弁済を受けられなくなる。したがって、更生手続に参加しようとする（すなわち、更生計画に基づく弁済を受けようとする）更生債権者は、自己の債権額やその発生原因等を裁判所に届け出なければならない。また、前述のとおり、会社更生手続においては、民事再生手続とは異なり、担保権者（更生担保権者）も個別の権利行使が禁止されることから、更生担保権者も、手続に参加すべく、自己の有する更生担保権を届け出ることになる。その後の認否書の作成や債権調査・確定のプロセスは、基本的に民事再生手続と同様であるが、会社更生手続においては、民事再生手続のような自認債権の制度はなく、届出をしない更生債権等は更生計画の認可決定により失権し、担保権は消滅することになる。ＤＩＰ型を原則とする手続か否かに起因する違いであるが、このような強力な失権効の存在は、会社更生手続の特徴の一つでもあり、また、会社更生手続が重厚な手続といわれる理由の一つでもあるといえよう。

この「更生担保権」とは、「更生会社の財産上に存する担保権の被担保債権であって、更生手続開始前の原因に基づいて生じたもののうち、当該担保権の目的物を更生手続開始時の時価で評価した場合に担保される範囲の債権」を指す。したがって、更生担保権者としては、更生担保権の届出の際に、自己の更生担保権額（≒担保権の目的物の評価額）をあわせて記載する必要があるわけである。

このため、更生担保権の認否の過程では、管財人と更生担保権者との間で、担保目的物の評価額について争いになることが少なくない。そこで、会社更生法は、「価額決定の申立て」という、担保権の評価額についての争いを可能な限りすみやかに解決するための制度を用意している。

(イ)　資産の調査――財産評定・八四条報告書

管財人が、更生手続開始決定時に更生会社に属するいっさいの財産について、その価額を評定したうえで、その結果を反映した財産目録および貸借対照表を提出しなければならない点は、民事再生手続と同様である。もっとも、この財産評定について、民事再生手続が「処分価格」を基準とすべきことを規定する一方、会社更生手続における財産評定については、「時価によるものとする」とされていることから、評定の基準が異なる点には留意が必要である。

また、管財人は、裁判所に対して、更生手続開始に至った事情や、更生会社の業務および財産に関する経過および現状などをまとめた報告書を提出することが求められる。これは基本的に、民事再生手続における一二五条報告書と同様である。会社更生手続においては、この報告書の提出義務が会社更生法八四条に定められていることから、民事再生手続における一二五条報告書と対比するかたちで「八四条報告書」などと呼ばれる場合がある。

(ウ) その他の手続

民事再生手続では、担保権者との間で別除権交渉のための協議・交渉が必要になることは前述した。会社更生手続では、担保権者も更生担保権者として手続に取り込まれ、担保権の自由な行使が禁じられることから、民事再生手続のような別除権協定締結に向けた交渉は必要ない。もっとも、更生担保権者は、更生計画案に対する議決権をもち、また、後述するとおり、更生担保権者の組については、更生債権者の組に比べてより厳格な多数決要件が課されていることから、管財人としては、更生計画案の提出前までに、更生担保権者との間で鋭意協議・交渉し、同意を得ることができる見通しをつけておくことが重要となる。

また、会社更生手続においても、民事再生手続と同様の相殺権の制限や相殺禁止規定が存在する。

このほか、会社更生手続も、民事再生手続と同様、否認権の制度が存在しており、中立て前に行われた更生会社の偏頗的・詐害的な行為等を是正することが可能となっている。なお、会社更生手続では、業務遂行権および財産管理処分権をもつ管財人が否認権を行使する点で、監督委員が否認権を行使する民事再生手続との相違がある。

③ 更生計画案の策定

会社更生手続においても、上記のプロセスをふまえ、最終的には更生債権者や更生担保権者らからの同意を得るに足る更生計画案を策定する必要がある。

再生計画案と同様、更生計画案についても、これら債権者に対していかなる権利変更を求め、いかなる弁済を行うかという点が最も重要となる。自力型での再生を志向するのか、それとも、スポンサーからの協力を得て、増資・融資や、事業譲渡・会社分割等のスキームを採用するのかという点については、基本的に民事再生手続での説明と同様である。

なお、民事再生手続と異なり、会社更生手続においては、更生計画案において、会社分割や合併、株式交換や株式移転といった事項を規定することができ、一定の要件のもと、平場では必要とされる会社法上の各種手続を大幅に省略することが可能となっている。

D 更生計画案の提出・成立・遂行～更生手続の終結

① 更生計画案の提出

民事再生手続と同様、会社更生手続においても、開始決定と同時に、裁判所により更生計画案の提出期限が定められる。管財人は、この期限までに、法令上の要件を満たした更生計画案を策定のうえ、裁判所に提出する必要がある。

なお、更生計画案については、届出をした更生債権者・更生担保権者、株主らにも提出権が認められている。

関係人集会における決議が、(i)議決権を行使する方式、(ii)書面等による投票によって行われる方式、(iii)これらを併用して行われる方式、のいずれかの方法でなされる点は、民事再生手続と同様である。もっとも、民事再生手続において(iii)の方法がとられることが多いのと異なり、現在の東京地方裁判所における会社更生手続の関係人集会では、(ii)の方法がとられることが多いようである。

② 更生計画案の決議・認可

前述のとおり、民事再生手続においては、決議に付された再生計画案は、(i)債権者集会

図表９　更生計画案の提出・成立・遂行～更生手続の終結

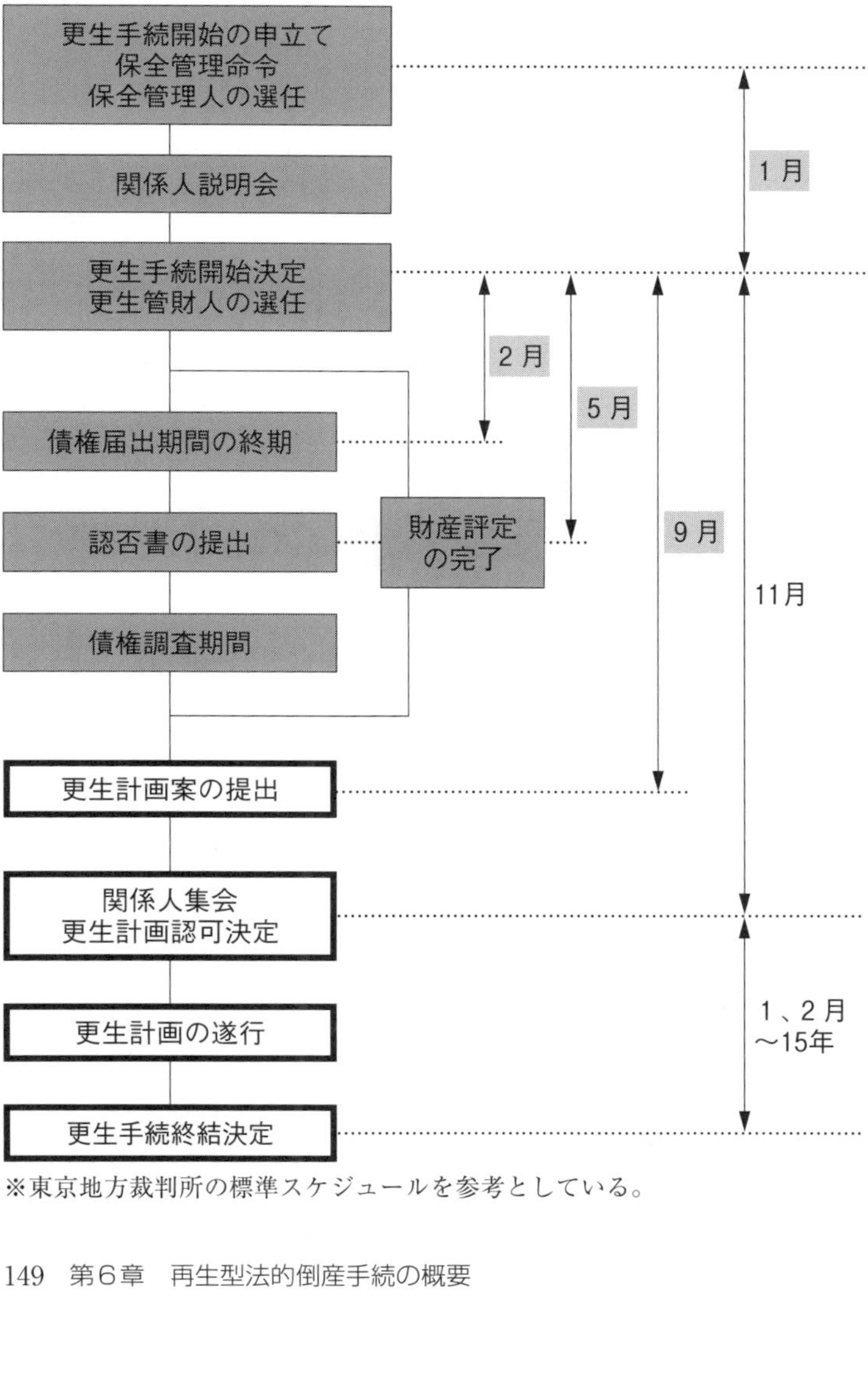

※東京地方裁判所の標準スケジュールを参考としている。

に出席しまたは書面等投票をした議決権者の過半数の同意（頭数要件）、および、(ii)議決権者の議決権の総額の二分の一以上の議決権を有する者の同意（議決権額要件）のいずれもが満たされた場合、可決となる。

他方、すでに何度か述べてきたが、会社更生手続では、更生債権、更生担保権等によって組分けがされ、更生債権であれば議決権を行使することができる者の議決権の総額の二分の一を超える議決権を有する者の同意、更生担保権であれば、計画案の内容によって、議決権総額の三分の二以上の議決権者の同意（更生担保権の期限の猶予の定めをする場合）、議決権総額の四分の三以上の議決権者の同意（期限の猶予以外の方法により更生担保権者の権利に影響を及ぼす場合）、議決権総額の一〇分の九以上の議決権者の同意（事業の全部の廃止を内容とする場合）がそれぞれ必要となるが、頭数要件は設定されていない。なお、会社更生法上、更生会社が更生手続開始決定の時点で債務超過でない場合には、株主にも更生計画案に対する議決権が与えられるが、通常、更生会社は債務超過である場合が多いことから、株主に議決権が認められる事案はきわめて少ない。

計画案が可決されると、裁判所において法律に規定される不認可事由をチェックのうえ、これらの事由がないと認める場合には，更生計画の認可決定が下される点は、民事再生手続の場合と同様である。もっとも、再生計画の効力は、認可決定が確定することによりはじめて生ずるのに対し、更生計画は、認可決定により効力を生じる点に違いがある。

なお、民事再生手続において再生計画案が可決されなかった場合、原則として、再生手続は廃止となる点は前述したが、会社更生手続では、関係人集会において一部の組において可決要件を満たす同意が得られなかった場合であっても、裁判所は、更生計画案を変更し、当該同意が得られなかった種類の権利者を保護する条項（これを「権利保護条項」という）を定めたうえで、強制的に更生計画の認可決定を下すこともできるとされている。専門家の間で「クラムダウン」と呼ばれるこの制度は、再生型の法的倒産手続のなかでも会社更生手続にのみ認められる特殊かつ強力な制度である。

③ 更生計画の遂行と更生手続の終結

(ア) 更生計画の遂行

更生計画についても、成立後にはその遂行がしっかりとなされることが重要であることはいうまでもない。会社更生法は、「更生計画認可の決定があったときは、管財人は、速やかに、更生計画の遂行又は更生会社の事業の経営並びに財産の管理及び処分の監督を開始しなければならない」と明確に規定している。

(イ) 更生手続の終結

会社更生法上、裁判所は、①更生計画が遂行された場合、②更生計画の定めによって認められた金銭債権の総額の三分の二以上の額の弁済がされた時において、当該更生計画に不履行が生じていない場合（ただし、裁判所が、当該更生計画が遂行されないおそれがあると認めたときは、この限りでない）、③更生計画が遂行されることが確実であると認められる場合、に更生手続の終結を決定することとされており、民事再生手続における手続終結の要件とは若干異なっている。

E 会社更生手続に関する近時の話題――「DIP型会社更生手続」

① DIP型会社更生手続とは

(ア) 導入の背景

会社更生手続は、手続開始決定により管財人に更生会社の業務遂行権・財産管理処分権が専属し、当該管財人のもとで業務が遂行される手続である。もっとも、前述のとおり、会社更生手続を利用する株式会社は比較的大規模のものが多く、第三者たる弁護士が、ある日突然、管財人(または、その前段階である保全管理人)に選任された場合、それまでの更生会社の業務を停滞させることなく円滑に遂行しうるのか(事業価値の維持が可能なのか)という問題意識が提起されていた。また、会社更生手続を申し立てれば、必ず第三者たる管財人に業務遂行権や財産管理処分権が移転してしまうとすれば、株式会社の経営陣としては、会社更生手続の利用を躊躇してしまい、かえって早期の事業再生を阻害してしまうのではないか、という問題もかねてより指摘されていた。

そこで、近時、一定の要件を満たしていることを条件として、株式会社の従前の経営陣が、会社更生手続における管財人になり、引き続き業務を遂行するという運用が登場した。これが「ＤＩＰ型会社更生手続」である。なお、民事再生手続が、原則として手続開始決定後も再生債務者の従前の経営陣がなんら変わらず業務を遂行する本来的な「ＤＩＰ型」の手続であるのに対し、会社更生手続は、建前上は会社更生手続の開始によって管財人が選任されるものの、当該管財人に従前の経営陣が就任するという意味において、民事再生手続で意味するところの「ＤＩＰ型」とは若干建付が異なるという点は理解しておく必要がある。

(イ)　ＤＩＰ型会社更生手続の利用事例

ＤＩＰ型会社更生手続が採用された代表的な事案には、三光汽船、エルピーダメモリ、ロプロ、Spansion Japan、日本綜合地所、クリードなどがある。

また、近時は、第三者たる管財人のもと、従前の経営陣や中立代理人弁護士が管財人代理として選任された事案（ウィルコム）や、中立代理人弁護士が管財人（およびその前段落としての保全管理人）に就き、これを監督する調査委員（保全管理段階においては監督委員兼調査委員）が選任された事案（武富士）など、「管理型」と「ＤＩＰ型」の中間に位置するような「中間型」の手続も登場している。

② DIP型会社更生手続が認められるための「四要件」

このようなDIP型会社更生手続であるが、いかなる場合にもこの運用を認めるとすれば、債権者をはじめとする各利害関係人の会社更生手続への信頼は維持できない。そこで、DIP型会社更生手続の運用を始めた東京地方裁判所においては、以下の四つの点をDIP型会社更生手続を利用しうる基準として設定し、会社更生手続の適正性・公正性の維持を図っている。

(i) 現経営陣に不正行為等の違法な経営責任の問題がないこと
(ii) 主要債権者が現経営陣の経営関与に反対していないこと
(iii) スポンサーとなるべき者がいる場合にはその了解があること
(iv) 現経営陣の経営関与によって会社更生手続の適正な遂行が損なわれるような事情が認められないこと

③ DIP型会社更生手続における監督機能

DIP型会社更生手続においては、管財人として従前の経営陣が就任することから、当該管財人に対する監督機能の確保は、適正な手続遂行、ひいては社会一般の会社更生手続自体に対する信頼維持にとって必要不可欠である。そこで、DIP型会社更生手続がとられる場合には、裁判所が、公平な第三者として「調査委員」（なお、保全管理段階においては「調査委員兼監督委員」）を選任し、当該調査委員に管財人の業務遂行や手続遂行の適正性・公正性をチェックさせる、という運用が定着している。

④ 今後のＤＩＰ型会社更生手続

従前の経営陣と管財人との間の連続性が保てることから、ＤＩＰ型会社更生手続は、開始決定（あるいは申立て）前後の業務遂行権者の交代に伴う事業の断絶や混乱を抑えることができ、会社更生手続全体のスケジュールの短縮、ひいては、更生会社の早期の事業再生の実現にも資するとされている（ＤＩＰ型会社更生手続の標準スケジュールについては、図表10に掲げる手続の流れ図を参照されたい。前述した通常の（管理型の）会社更生手続に比べ、スケジュールが大幅に短縮されているのがおわかりになろう）。ＤＩＰ型会社更生手続を利用することが適切かつ可能な事案においては、今後もおおいに活用されるべきであろう。

また、更生会社の状況や、債権者をはじめとする利害関係人の意向等に応じて、中間型というかたちも用いられているところであるが、ＤＩＰ型の妙味を生かしつつ、会社更生手続に対する利害関係人や社会全体からの信頼を確保するという観点からは、このような柔軟な工夫が今後もおおいに活用されていくことを期待したい。

図表10　DIP型会社更生手続の流れ

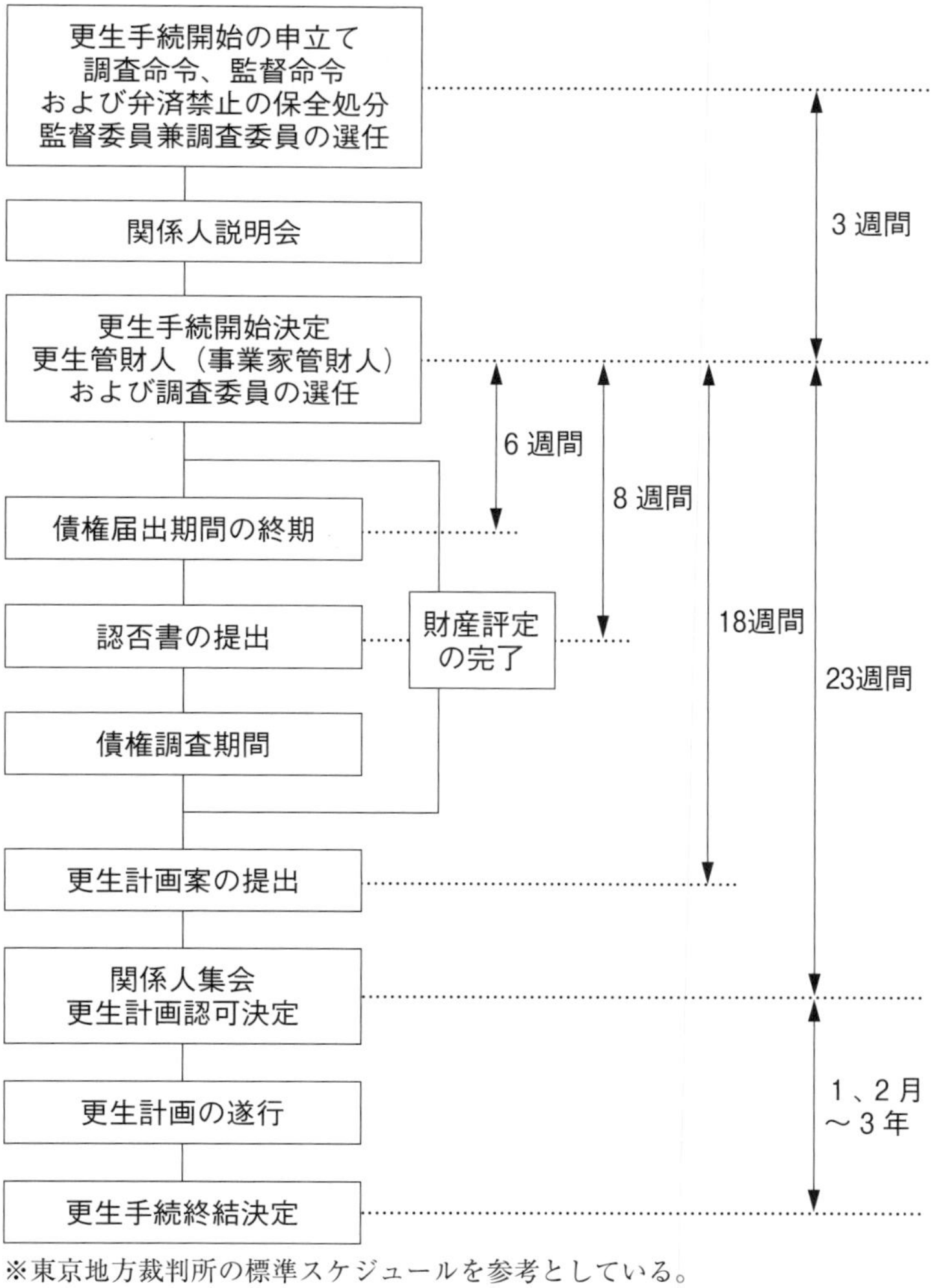

※東京地方裁判所の標準スケジュールを参考としている。

第7章

私的整理手続の概要

私的整理手続が、なんらのルールに縛られない（当事者がルールを決められる）「純粋私的整理手続」と、一定のルールや枠組みに従った「制度化された私的整理手続」に分類できることは前述した。

本章では、このうちの「制度化された私的整理手続」を、さらに

① 公的機関が関与する私的整理手続

② 民間で行われる私的整理手続

に分けたうえで、それぞれ代表的なものの概要を紹介する。

1 公的機関が関与する私的整理手続
——中小企業再生支援協議会スキームと地域経済活性化支援機構

公的機関が関与する私的整理手続といえば、預金保険機構を主たる株主として二〇〇三年（平成一五年）に設立された「産業再生機構」による私的整理手続をまず思い浮かべる読者も多いだろう。同機構は、当時の不良債権処理問題・産業再生問題等に後押しされて

発足したものであるが、カネボウやダイエー、三井鉱山など計四一の企業グループの支援を手がけた後、二〇〇七年（平成一九年）に解散し、清算を結了している。

また、預金保険機構が一〇〇％株主である「整理回収機構（ＲＣＣ）」においても、二〇〇四年（平成一六年）に制定された「ＲＣＣ企業再生スキーム」という準則にのっとり、ＲＣＣ自身が主要債権者として、あるいは、主要債権者からの委託を受けるかたちで関与する私的整理手続に取り組んでいる。

もっとも、ここでは、近時、金融円滑化法の出口戦略として注目されている中小企業再生支援協議会が関与する私的整理手続（中小企業再生支援協議会スキーム）と、二〇一三年（平成二五年）三月一八日より新組織として発足した地域経済活性化支援機構が関与する私的整理手続について解説していきたい。

(1) 中小企業再生支援協議会スキーム

① 中小企業再生支援協議会スキームとは

中小企業再生支援協議会とは、産活法四一条に基づき、中小企業再生支援業務を行う者として認定を受けた「認定支援機関」（商工会議所等）を受託機関として、同機関内に設置される組織である。中小企業再生支援協議会は、二〇〇三年（平成一五年）二月から全国に順次設置され、現在は、全国四七都道府県に各一カ所ずつ設置されている。

なお、二〇〇七年（平成一九年）六月には、各都道府県に設置される中小企業再生支援協議会の活動を支援する機関として、「中小企業再生支援全国本部」が設けられた。同本部は、(i)各地の中小企業再生支援協議会の能力向上に対するサポート、(ii)外部専門家の派遣、(iii)中小企業再生支援協議会の手続マニュアルの作成等を主な業務としており、これにより各地の中小企業再生支援協議会の機能強化と均一的能力向上に取り組んでいる。

また、認定支援機関内には「支援業務部門」という組織が設けられており、事業再生に関する知識と経験とを有する専門家（金融機関出身者、公認会計士、税理士、弁護士、中小企業診断士など）から選ばれた統括責任者（プロジェクトマネージャー）や統括責任者補佐（サブマネージャー）が常駐し、窮境にある中小企業者からの相談を受け付け、解決に向けた助言や支援施策・支援機関の紹介や、場合によっては弁護士の紹介などを行い（これを「第一次対応」という）、事業性など一定の要件を満たす場合には再生計画の策定支援（これを「第二次対応」という）を実施する。

これら中小企業再生支援協議会や支援業務部門の関与のもと、中小企業庁から公表されている「中小企業再生支援協議会事業実施基本要領」に基づき進められる私的整理手続が、一般的に「中小企業再生支援協議会スキーム」と呼ばれている。

② 中小企業再生支援協議会スキームを用いた私的整理手続の主な流れ

以下では、中小企業再生支援協議会スキームを用いた私的整理手続について、従来より行われていたスキーム（協議会の手続内において各種デューデリジェンス（調査活動）や事業再生計画案の策定が行われるパターン）の流れをメインに解説していきたい。

なお、従来型のスキームのほか、二〇一二年（平成二四年）五月には「中小企業再生支援協議会事業実施基本要領」が改定され、新たなスキームが登場するに至っている。この新スキームは、協議会の手続外で債務者が取引金融機関等の支援を受けながら事業再生計画案を策定し、それを協議会の手続内で合意する、というものである。これは、金融円滑化法が二〇一三年（平成二五年）三月末で切れることを受け、今後多くの需要が見込まれる中小企業の経営改善・事業再生をスピーディに、かつ、効率的に実現することを可能にしようとする試みである。企業の規模や取引金融機関の数、窮境原因や金融機関への要請内容（債権放棄まで求めるのか、弁済期の猶予で足りるのか等）といった案件ごとの事情に応じ、従来型スキームに適した案件なのか、それとも、新スキームで対応しうる案件なのか、ということを検討し、適切なほうを選択することになろう。

参考までに、従来型スキームと新スキームのそれぞれの手続のイメージを図表11に示しておきたい。

(ア) 第一次対応

中小企業再生支援協議会スキームは、中小企業者が、認定支援機関に常駐する統括責任者や統括責任者補佐に対して、事業再生に関する相談を行うことから始まる。

この相談において、統括責任者らは、相談企業の事業形態やその構造（主要取引先等）、直近の財務状況、現状に至った経緯と改善に向けたこれまでの努力、再生に向けた要望といった各種事項を把握し、当該相談企業の抱える課題の解決に向けた助言や、支援施策・支援機関の紹介を行う。

なお、同スキームの対象となる「中小企業者」とは、大まかにいうと以下のものを指す。正確な定義は産活法二条第一七項に定められているので、そちらを参照されたい。

① 資本金の額が三億円以下の会社ならびに常時使用する従業員の数が三〇〇人以下の会社および個人で、製造業、建設業、運輸業その他の業種（卸売業、サービス業、小売業を除く）を主たる事業として営むもの

図表11　中小企業再生支援協議会による支援手続の流れ

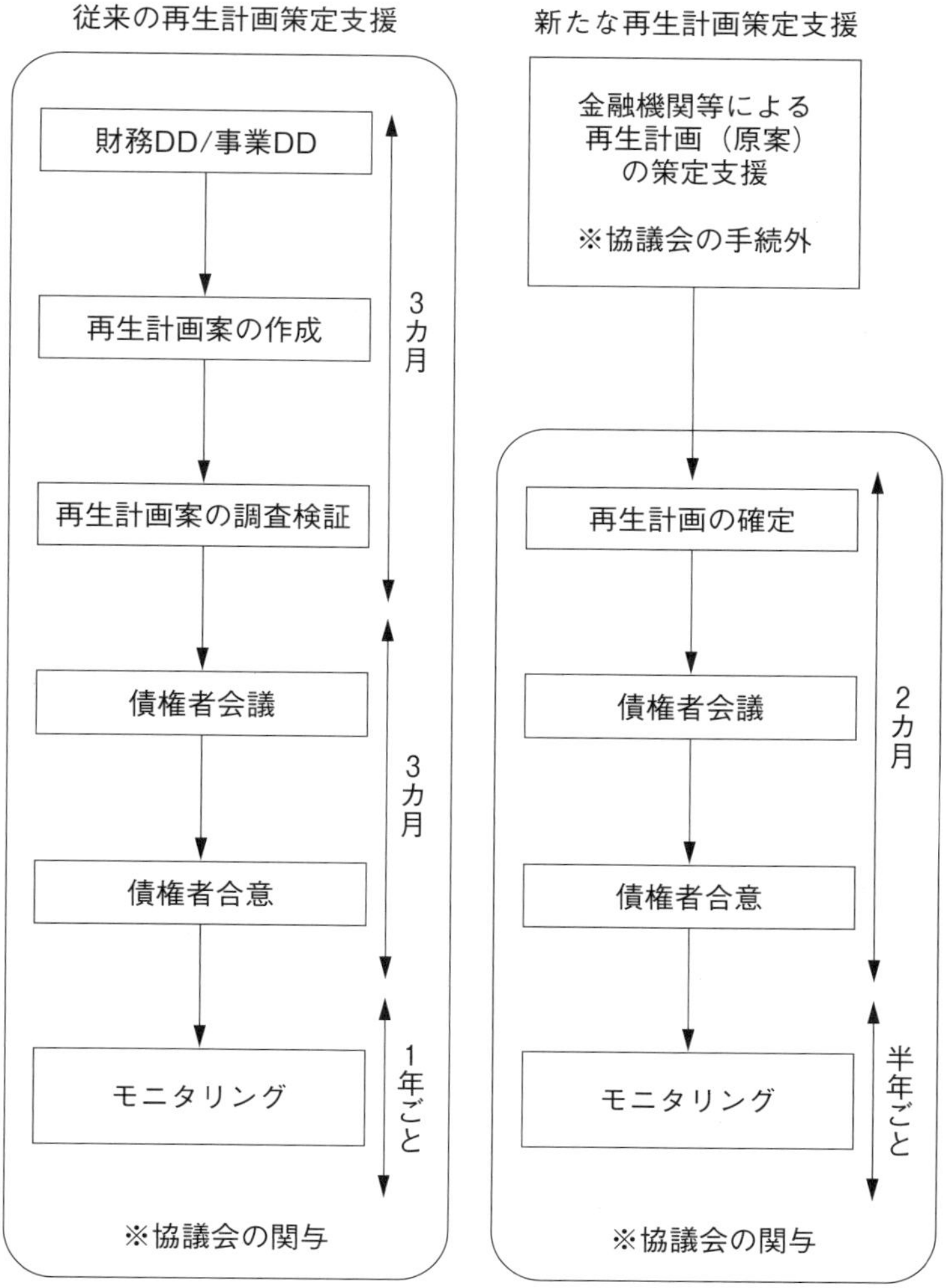

② 資本金の額が一億円以下の会社ならびに常時使用する従業員の数が一〇〇人以下の会社および個人で、卸売業を主たる事業として営むもの
③ 資本金の額が五、〇〇〇万円以下の会社ならびに常時使用する従業員の数が一〇〇人以下の会社および個人で、サービス業を主たる事業として営むもの
④ 資本金の額が五、〇〇〇万円以下の会社ならびに常時使用する従業員の数が五〇人以下の会社および個人で、小売業を主たる事業として営むもの
⑤ 企業組合、協業組合、事業協同組合、協同組合連合会
⑥ その他政令で定めるもの

(イ) 第二次対応①——再生計画策定支援の決定

第一次対応で把握した相談企業の状況に基づいて、事業再生計画の策定を支援することが適当であると判断した場合には、統括責任者は、相談企業の主要債権者の意向をふまえたうえで、事業再生計画の策定支援を行うことを決定する。統括責任者の当該決定の判断においては、外部の専門家（事業再生について高度の専門的な知識と経験を有する弁護士、公認会計士、税理士、中小企業診断士等）の協力を得ることができる。

なお、策定支援の決定の際には、原則として、以下の要件を満たしていることが必要と

なる。

① 過剰債務、過剰設備等により財務内容の悪化、生産性の低下等が生じ、経営に支障が生じている、もしくは生じる懸念のあること。

② 再生の対象となる事業に収益性や将来性があるなど事業価値があり、関係者の支援により再生の可能性があること。なお、債権放棄等の要請を含む再生計画の策定を支援する場合は、上記に加え次の要件を満たす中小企業者を対象とする。

③ 過剰債務を主因として経営困難な状況に陥っており、自力による再生が困難であること。

④ 法的倒産手続を申し立てることにより相談企業の信用力が低下し、事業価値が著しく毀損するなど、再生に支障が生じるおそれがあること。

⑤ 法的倒産手続によるよりも多い回収を得られる見込みがあるなど、対象債権者にとっても経済合理性があること。

再生計画策定支援の決定がなされた場合には、統括責任者は、その旨を相談企業に通知するのみならず、当該相談企業の状況に応じて、主要債権者および必要な対象債権者に対しても再生計画策定支援を行うことを伝え、協力を要請する。

(ウ) 第二次対応②——再生計画の策定

決定がなされると、統括責任者は、統括責任者や統括責任者補佐から構成される個別支援チームを編成する。当該個別支援チームの編成においても、必要に応じて、外部の専門家である弁護士、公認会計士、税理士等を入れることができる。

個別支援チームは、相談企業の財務および事業の状況を把握し、それに基づき、相談企業の事業再生計画案の作成を支援する。なお、公認会計士または税理士による財務面（資産負債および損益の状況）の調査分析および中小企業診断士等による事業面の調査分析については、必要不可欠な場合に限り実施するものとされている。すなわち、案件の内容次第では、相談企業の詳細なデューデリジェンス（調査活動）は必ずしも要求されないということであるが、相談企業の負債総額が一定規模以上（たとえば、一〇億円程度）で債権者間の調整・合意が困難と予想されるケースや、実質債務超過解消のために大幅な債権放棄等が必要となるケースなどは、原則としてデューデリジェンス（調査活動）が必要と解されている。

相談企業は、個別支援チームの支援のもと、再生に向けて核となる事業の選定とその事業の将来の発展に必要な対策を立案し、必要に応じて他の中小企業支援施策を活用し、具体的かつ実現可能な事業再生計画案を作成する。

相談企業、主要債権者および個別支援チームは、財務および事業の状況の把握や事業再生計画案作成の進捗状況に応じて適宜会議を開催し、協議・検討を行い、事業再生計画案について相談企業と主要債権者との合意形成を図る。この会議には、必要に応じて、主要債権者以外の対象債権者、スポンサー候補者等も参加することができる。

事業再生計画案は、相談企業の十分な自助努力を反映させたものである必要がある。また、これとともに、事業再生計画案には、

① 企業の概況
② 財務状況（資産・負債・純資産・損益）の推移
③ 実態貸借対照表
④ 経営が困難になった原因
⑤ 事業再構築計画の具体的内容
⑥ 今後の事業見通し
⑦ 財務状況の今後の見通し
⑧ 資金繰り計画

⑨　債務弁済計画
⑩　金融支援（リスケジュール、追加融資、債権放棄等など）を要請する場合はその内容
といった各種事項を盛り込む必要がある（なお、これらの各事項は、私的整理手続において策定する事業再生計画案において、必ず盛り込まれるべき共通事項といえよう）。また、このほか、「中小企業再生支援協議会事業実施基本要領」には、相談企業の債務超過解消の期間要件や、経常利益黒字化の期間要件、有利子負債の圧縮要件、経営者責任・株主責任の明確化、清算価値保障原則の充足の必要性なども規定されている。

(エ)　第二次対応③——再生計画の成立

統括責任者は、事業再生計画案の内容の相当性および実行可能性を調査し、調査報告書を作成のうえ、対象債権者に提出する。調査報告書には、①事業再生計画案の実行可能性、②法的倒産手続と比較した場合の経済合理性（清算価値保障原則の充足の有無）、③金融支援の必要性・合理性といった項目についての意見などが盛り込まれる。

この後、相談企業、主要債権者および個別支援チームが協力のうえ、すべての対象債権者による債権者会議を開催する。債権者会議では、全対象債権者に対し、事業再生計画案の内容や統括責任者の調査結果が報告されるとともに質疑応答や意見交換が行われる。ま

た、ここでは、対象債権者が事業再生計画案に対する同意不同意の意見を表明する期限も定められる。

この定められた期限までに、事業再生計画案について同意する旨の全対象債権者の意思が文書等により確認されれば、事業再生計画は成立となる。

対象債権者の一部から事業再生計画案について同意が得られない場合において、不同意の対象債権者を除外しても事業再生計画の実行上影響がないと判断できる場合には、不同意の対象債権者からの金融支援を除外した変更計画を作成し、不同意の対象債権者以外の対象債権者のすべてから同意を得た場合には、変更後の事業再生計画の成立を認めることができるとされている。相談企業、主要債権者および個別支援チームは、対象債権者等と協議のうえ、必要に応じて事業再生計画案を修正し、対象債権者の合意形成に努める。

(2) 地域経済活性化支援機構

① 地域経済活性化支援機構とは

(ア) 企業再生支援機構からの改組

地域経済活性化支援機構とは、「株式会社地域経済活性化支援機構法」に根拠を有する株式会社である。同機構は、二〇一三年(平成二五年)三月一七日までは「企業再生支援機構」として活動していたものであるが、同年三月一八日、「株式会社企業再生支援機構法の一部を改正する法律」が施行されたことにより、その商号を株式会社企業再生支援機構から株式会社地域経済活性化支援機構へと変更し、従前からの事業再生支援業務に加えて、地域経済活性化支援にかかわる新たな業務を担う組織として再出発を果たしたものである。

地域経済活性化支援機構の前身である企業再生支援機構は、わが国の地域経済が低迷を続けるなか、その再生を図る事業再生支援機関として、政府と金融機関が預金保険機構を経由するなどして出資することにより二〇〇九年(平成二一年)一〇月に設立された組織である。以来、債権者の調整や債権者の債権買取り、債務者に対する出融資、専門人材の派遣等、事業再生にかかわる包括的な機能をもつ事業再生の専門集団として、過大な債務を負っている中小企業者等の事業再生支援に取り組んできた。企業再生支援機構の時代においては、実に二八件の支援決定が行われている。本書の読者のなかには、同機構の支援決定第一号案件が日本航空(JAL)グループであったことをご存知の方もいるかもしれない。また、同機構は第二号案件としてウィルコムへの支援決定も行っているが、このような巨大な案件のみならず、各地域において重要な役割を担う株式会社、医療法人、学校法人等に対する支援も多く手がけてきた。

(イ) 改組後の業務

改組後の地域経済活性化支援機構においては、企業再生支援機構時代にも行われていた「事業再生支援業務」の支援決定期限が五年間（二〇一八年（平成三〇年）三月末まで。ただし、あらかじめ主務大臣の認可を受けた事業者に対しては同年九月末まで）延長され、支援期間も従来の「三年以内」から「五年以内」へと延長された。また、企業再生支援機構時代には、支援決定がなされれば、支援対象事業者の名称を含めこれを必ず公表する必要があったが、風評被害発生防止の観点から、大規模事業者以外の支援対象事業者については、その名称を公表する義務がなくなった。

また、地域経済活性化支援機構への改組に伴い、地域の再生現場の強化や、新事業・事業転換を目指す企業および地域活性化事業を担う企業の支援を目的とした「地域経済活性化支援業務」が新たに追加された。これにより、地域金融機関の事業再生子会社や事業再生ファンドに対する専門家派遣・出融資等を通じた「地域の再生現場の強化」を図るための業務と、地域活性化ファンドや地域金融機関への専門家派遣・出資を通じた「地域活性化に資する支援」を行うための業務が可能になるなど、地域経済の活性化に資するための各種機能が強化されている。

② 地域経済活性化支援機構が関与する私的整理手続の主な流れ

以下では、企業再生支援機構時代にも行われていた事業再生支援業務に係る私的整理手続について、その大まかな流れを解説しておきたい。

(ア) 事前相談――デューデリジェンス（調査活動）の実施

地域経済活性化支援機構による再生支援を検討する債務者は、まず、同機構に対して事前の相談を行うこととなる。この段階では、事業再生計画の作成等は必ずしも必要ないものの、債務者自身の事業概要、直近決算書等の基礎資料をもとに、同機構が支援を検討しうるか否かについての検討がなされることとなる。

なお、同機構の支援対象となりうる事業者は、「有用な経営資源を有しながら過大な債務を負っている中小企業者その他の事業者であって、債権放棄等の金融支援を受けて事業再生を図ろうとするもの」であるが、例外的に、①いわゆる大規模事業者（ただし、地域経済に甚大な影響を及ぼすおそれがある場合には例外あり）、②いわゆる地方三公社（地方住宅供給公社、地方道路公社、土地開発公社）、③いわゆる第三セクター、は支援対象とはならないとされている。

同機構において、債務者への再生支援の検討が可能だという心証がとれた場合、続いて、債務者の事業・財務・法務に関する各種デューデリジェンス（調査活動）が実施される。ここにおいて、債務者の事業・財務・法務に関するさまざまな論点・問題点が洗い出され、実効的な事業再生計画案の策定につながるわけである。

(イ)　正式支援申込み・支援決定

各種デューデリジェンス（調査活動）の実施後、これらの過程で得られた情報をもとに、債務者は事業再生計画案を策定する。事業再生計画は、次の内容を含むものでなければならない。

① 再生支援対象事業者の概要
② 支援申込みに至った経緯
③ 事業再構築計画の具体的内容
④ 今後の事業見通し
⑤ 債権者への金融支援依頼事項
⑥ 今後の財務状況の見通し

⑦　資金繰り計画
⑧　弁済計画
⑨　支援基準適合性
⑩　株主、経営者の責任

また、⑨のとおり、機構による再生支援決定を受けるためには、事業再生計画案が内閣府・総務省・財務省・厚生労働省・経済産業省の告示で定められた基準（支援基準）を満たしていなければならない。支援基準は細かく定められており、たとえば、

(i)　事業の再生に必要な投融資が受けられる見込みの存在
(ii)　生産性向上基準（自己資本当期純利益率や有形固定資産回転率など）の充足
(iii)　財務健全化基準（有利子負債のキャッシュフローに対する比率や経常収支など）の充足
(iv)　清算価値保障原則の充足

といったものがあるが、債務者としては、これらの基準を満たすような事業再生計画案を策定することが求められる。また、正式な再生支援申込みにおいては、原則として債務者と主要債権者の連名またはそれに準じたかたちで行うことが要求されていることから、債務者としては、必要に応じ、この段階から主要債権者である金融機関等との間での協議・

調整を始めておく必要がある。

策定した事業再生計画案とともに、正式支援申込みがなされると、機構内に設置される地域経済活性化支援委員会または取締役会が、支援基準に基づき、当該事業者の再生可能性等を審議したうえで、再生支援の可否を決定する。再生支援決定を行った債務者に対しては、機構自身が新たな融資を実行することも可能となっている。

(ウ) 非主要債権者との調整と回収等停止要請

再生支援決定と同時に、機構は主要債権者以外の金融債権者等に対して、一定の期限を設けたうえで、①債権を機構に対して売却することを求めるか、②事業再生計画案に同意して債権放棄等を行うことを求めるか、③いずれかを選択して回答することを求める。なお、機構に対して債権を売却する場合の買取価格は、再生支援決定に係る事業再生計画案を前提にした適正な時価に基づき算定される。

また、これと同時に、機構は、対象債権者の債権回収行為により債務者の事業再生が困難になると判断した場合には、これら対象債権者に対して債権の「回収等停止要請」を行う。これにより、対象債権者による債権の回収その他債務者に対して行ういっさいの裁判上または裁判外の行為（流動性預金の拘束を含む）が原則として停止され、債務者の事業維持や対象債権者間の公平性が図られることとなる。

回収等停止要請の通知後、機構は、事業再生計画の内容や今後の手続等に対する対象債権者の理解を得るべく、すみやかに、説明会を開催する。その後も、機構は、必要に応じて、事業再生計画の内容に対する十分な理解等を得るべく、対象債権者等を個別に訪問するなどして、説明・協議を行う。

(エ) 事業再生計画の成立とモニタリング

期限内に非主要債権者からの必要な同意等が得られた場合、事業再生計画は成立となり、地域経済活性化支援委員会または取締役会は、債権買取り等をする旨の決定を行う。一方、期限内に非主要債権者から必要な同意等が得られず、再生に必要な買取債権額に不足する等、再生支援に必要な同意が不十分と判断した場合には、機構はすみやかに再生支援決定を撤回することとなる。

機構は、買取決定等を行った後、債務者に対して出資を行うこともできる（ただし、出資にあたっては、一定の基準を満たす必要がある）。また、買取決定等の後は、債務者の事業再生計画の進捗をモニタリングするとともに、必要に応じ、新規資金の融資・保証等を行うことも可能となっている。機構は、債務者に係る債権や株式等を、支援決定後五年以内に譲渡等により処分を行うよう努めることとされている。

2 民間で行われる私的整理手続——事業再生ADR

以上の公的機関が関与する私的整理手続に対し、民間で行われる制度化された私的整理手続も存在する。

この点、そのような手続の先駆けとしては、金融界・産業界・学者・実務家らによる審議を経て二〇〇一年（平成一三年）に採択された「私的整理に関するガイドライン」に基づく私的整理手続があげられるところである。同ガイドラインは、法律に根拠をもたない文字どおりの「ガイドライン」であったが、これを利用する実務家の工夫や対象債権者たる金融機関らの理解により、一定の成果をみせ、また、その後に登場した制度化された私的整理手続のルール・枠組みづくりにもきわめて大きな影響を与えた。もっとも、同手続は、債務者企業のメイン銀行が債務者企業と連名で他の対象債権者に対して手続開始の申入れを行わなければならず、また、債権者会議の議長も原則としてメイン銀行が務めることになっていたことなどから、メイン寄せ（メイン銀行が下位行よりも重い負担（たとえば、下位行よりも大きな比率での債権放棄）を負わされること）を招きがちである点が、構造上の問題として指摘されていた。この「私的整理に関するガイドライン」で確立されたルールを生かしつつ、他方で、同手続において指摘されていた問題点を改善し、現在わが国で広く利用されるようになった民間で行われる私的整理手続が「事業再生ＡＤＲ」である。ここでは、その概要を説明しておきたい。

(1) 事業再生ＡＤＲとは

二〇〇九年（平成二一年）よりスタートしたこの事業再生ＡＤＲという手続は、「裁判外紛争解決手続の利用の促進に関する法律」と「産業活力の再生及び産業活動の革新に関する特別措置法」という二つの法律を根拠とする。これらの法律に基づき、法務大臣および経済産業大臣から認証および認定を受けた、公正・中立な「特定認証紛争解決事業者」が実施する私的整理手続（特定認証紛争解決手続）を「事業再生ＡＤＲ」と呼ぶ（「ＡＤＲ」とは、「Alternative Dispute Resolution：裁判外紛争解決手続」の略である）。

なお、現在のわが国において、この「特定認証紛争解決事業者」としての認証および認定を受けているのは、「事業再生実務家協会」という団体のみである。事業再生実務家協会は、事業再生分野の実務および研究に携わる者のネットワークの形成や、職務・技能・知識水準の向上を促進し、もって事業再生を総合的に発展・普及させることを目的として、経済産業省、中小企業庁、日本商工会議所、東京商工会議所等の後援を得て二〇〇三年（平成一五年）に設立された民間の団体である。現在、弁護士、公認会計士、税理士、不動産鑑定士、中小企業診断士などをはじめとする事業再生の専門家ら五〇〇名を超える会員で構成されている。

この制度に基づく具体的な私的整理手続は、事業再生実務家協会のなかに存在する「手続実施者選定委員会」が選任した「手続実施者」という公正中立な第三者によって進められることになる。この「公正・中立な立場の第三者が手続を主宰する」点が、前述した「私的整理に関するガイドライン」との大きな違いであるといえよう。

事業再生ＡＤＲは非公開で進められる手続であることから、原則として、われわれはいかなる者がこの制度を利用して事業再生を果たしたかを知ることはできない。もっとも、前述のとおり、上場会社については取引所のルール上、私的整理手続の開始や成立の事実等を開示しなければならない場合がある。事業再生ＡＤＲを利用して事業再生計画の成立を果たした主な上場会社として、日本アジア投資、コスモスイニシア、ラディアホールディングス、アイフル、日本エスコン、明豊エンタープライズなどがあげられる。

(2) 事業再生ADRの手続の概要

事業再生ADRの手続の流れについては、おおむね次に示す図表12のとおりである。以下では、主なポイントを手続の流れに沿って解説していきたい。

① 手続利用申請から正式受理・一時停止の通知まで

(ア) 手続利用申請

事業再生ADRを利用しようとする債務者は、まず、事業再生実務家協会に対して、「手続利用申請」を行う。この手続利用申請は、いまだ正式な手続のスタートではなく、手続利用申請を受けた事業再生実務家協会は、審査員を選任し、当該案件が事業再生ADRを利用することに適しているものかどうかの調査・判断を行う。事業再生計画の成立の見通しや計画の履行可能性がまったくないと考えられるような事案は、この段階で謝絶されることになる。

なお、事業再生ADRの利用対象者には、規模、業種、法人の種別等の制限はない。①

図表12　事業再生ADR手続の流れ

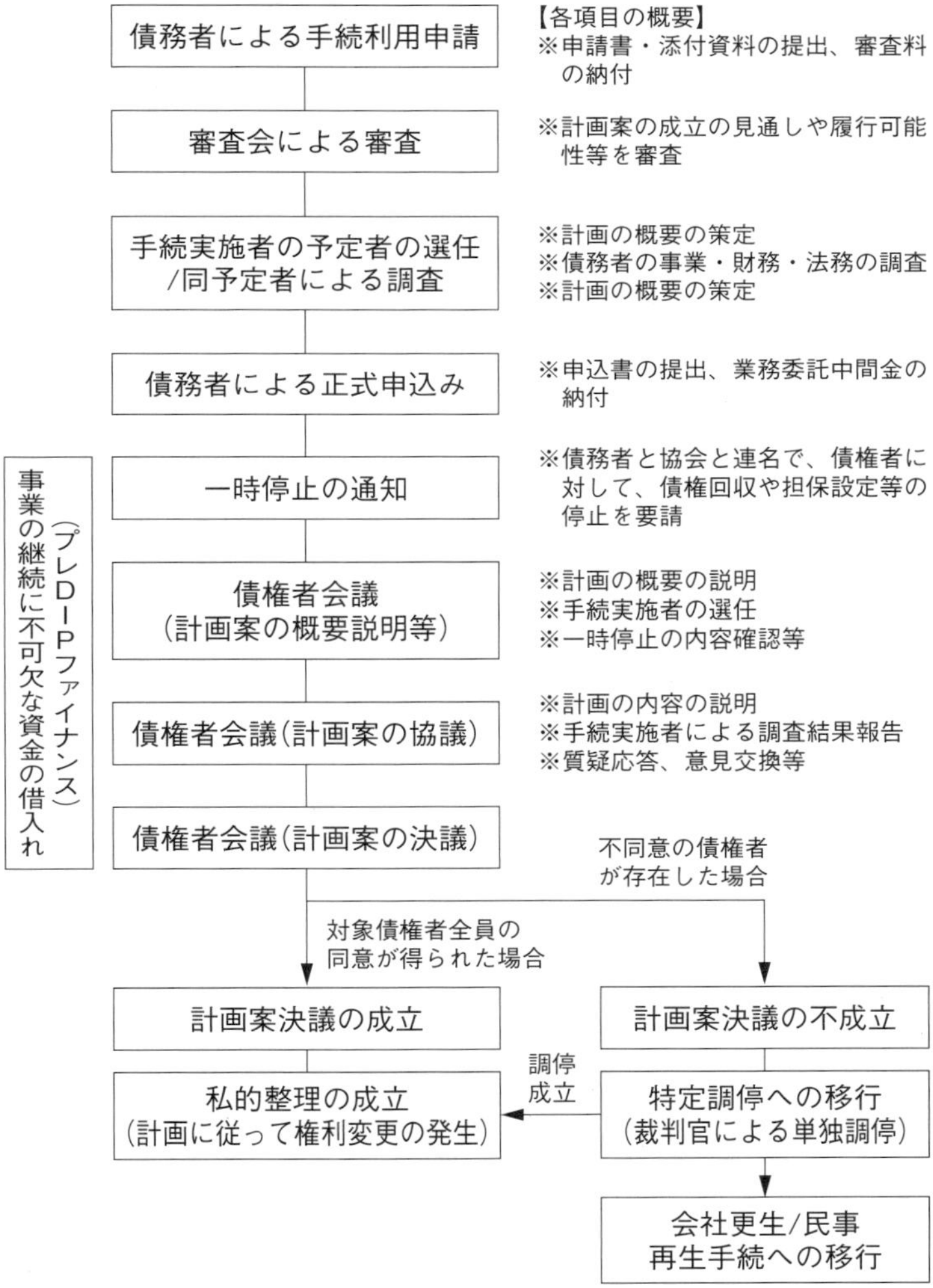
債務者による手続利用申請
【各項目の概要】
※申請書・添付資料の提出、審査料の納付
審査会による審査
※計画案の成立の見通しや履行可能性等を審査
手続実施者の予定者の選任/同予定者による調査
※計画の概要の策定
※債務者の事業・財務・法務の調査
※計画の概要の策定
債務者による正式申込み
※申込書の提出、業務委託中間金の納付
一時停止の通知
※債務者と協会と連名で、債権者に対して、債権回収や担保設定等の停止を要請
債権者会議(計画案の概要説明等)
※計画の概要の説明
※手続実施者の選任
※一時停止の内容確認等
債権者会議(計画案の協議)
※計画の内容の説明
※手続実施者による調査結果報告
※質疑応答、意見交換等
債権者会議(計画案の決議)
事業の継続に不可欠な資金の借入れ(プレDIPファイナンス)
対象債権者全員の同意が得られた場合
不同意の債権者が存在した場合
計画案決議の成立
計画案決議の不成立
私的整理の成立(計画に従って権利変更の発生)
調停成立
特定調停への移行(裁判官による単独調停)
会社更生/民事再生手続への移行

過剰債務を主因として経営困難な状況に陥っており自力再生が困難であること、②事業価値があり債権者の支援により再生の可能性があること、③（再生型）法的倒産手続の申立てを行えば信用力が低下し事業価値が著しく毀損されるなど事業再生に支障が生じるおそれがあること、といった要件を満たす債務者であれば、基本的にはだれでも利用可能である。

(イ) 手続実施者予定者の選任と事業再生計画案の概要の策定

審査会において、事業再生ADRの利用に適する事案であると判断された場合、手続実施者の予定者が選任される。債務者企業（実際には、その代理人弁護士や財務アドバイザーら）は、この手続実施者予定者の助言等も参考にしつつ、対象債権者に対して提示するための事業再生計画案の概要の策定を行う。

もっとも、「概要」とはいえ、実際にはこの段階において、金融のプロである対象債権者に提示するに十分耐えうる程度に詳細な（すなわち、可能な限り完成版に近い）事業再生計画案の策定が求められる。このため、実務上は事業再生ADRの利用申請の段階までに、債務者企業において、一通りの事業・財務・法務に関するデューデリジェンス（調査活動）が行われているのが望ましい。というのも、法令上、この「事業再生計画案」には、①債務者企業の経営が困難に陥った原因、②事業の再構築のための方策、③自己資本の充実のための措置、④資産および負債ならびに収益および費用の見込みに関する事項、⑤資金調達に関する計画、⑥債務の弁済に関する計画、⑦債権者の権利の変更、⑧債権額の回収の見込みといった各種事項を盛り込まなければならず、また、これら各種事項にはさらに細かな基準・水準が設けられているところ、これらに対応するためには、前提として各種のデューデリジェンスが行われており、債務者企業の事業・財務・法務の実情（問題点）や今後の見通し（計画）が十分に把握・検討されていることが必要不可欠だからである。

(ウ)　正式受理と一時停止の通知

このような過程を経て事業再生計画案（の概要）が策定され、手続実施者予定者においてもその合理性が確認されるに至ると、事業再生実務家協会は、債務者企業の正式申込みを受理する。また、これと同時に、事業再生実務家協会は、債務者企業と連名で、対象債権者に対して「一時停止の通知」を発送する。一時停止の通知の内容は各案件により詳細が異なるが、共通する根本部分として、

①　一時停止の通知到達時の与信残高を維持すること（すなわち、回収行為を差し控えること）

②　新たな担保権の設定や対抗要件具備を差し控えること

③　法的倒産手続の開始申立てを差し控えること
といった事項が含まれる。

この一時停止の通知は、法的倒産手続における保全処分にも類似するものといえそうだが、法的な拘束力はなく、あくまで「私的な依頼」にすぎない点に決定的な違いがある。もっとも、当該通知は、債務者企業のみならず、法務省や経済産業省の認証・認定を受けた事業再生実務家協会という特定認証紛争解決事業者との連名で発出されるものであることから、対象債権者となる金融債権者としては、よほどの事情がない限り、この私的な依頼をひとまずは聞き入れるのが通常である。

②　第一回債権者会議（事業再生計画案の概要の説明のための債権者会議）

対象債権者に対する一時停止の通知には、第一回債権者会議の案内も同封される。第一回債権者会議は、原則として、一時停止の通知を発送した日から二週間以内に行うこととされている。

第一回債権者会議においては、対象債権者全員の同意によって、
(i)　議長の選任
(ii)　手続実施者の選任

(iii)　一時停止の具体的内容およびその期間（すでに発している一時停止の通知の追認を含む）
(iv)　今後の債権者会議のスケジュール

といった各種事項が決議される。

また、これに続いて債務者企業からは、現在の資産・負債の状況や事業再生計画案の概要の説明がなされ、これらに対する質疑応答および対象債権者間の意見交換が行われる。

③　第二回債権者会議（事業再生計画案の協議のための債権者会議）

第二回債権者会議においては、第一回債権者会議やその後の任意の個別折衝等において対象債権者から出された意見をふまえて修正された正式な事業再生計画案が債務者企業からあらためて提示される。

また、この場においては、手続実施者から、事業再生計画案に対する調査報告がなされる。当該調査報告においては、事業再生計画案の法令適合性や公正・妥当性、経済合理性といった点に関する意見が述べられる。

④　第三回債権者会議（事業再生計画案の決議のための債権者会議）

第三回債権者会議は、事業再生計画案の決議のための債権者会議である。

したがって、第二回債権者会議から第三回債権者会議までの期間は、事実上、対象債権者たる金融機関の稟議・決済のために設けられる期間ということになる。債務者企業の代理人弁護士や財務アドバイザーは、対象債権者から投げかけられる各種質問等に対して書面や口頭で回答することなどにより、対象債権者の決済が円滑に進むよう最大限の努力を行うことになる。

第三回債権者会議において、全対象債権者から書面による同意の意思表示がなされれば、事業再生計画案は晴れて成立となる。債務者企業は、成立した事業再生計画を履行する義務を負い、真の事業再生に向けた第一歩を踏み出すことになる。

なお、遺憾ながらも全対象債権者からの同意が得られなかった場合には、別途の対応を講じる必要がある。仮に、同意できなかった理由が単なる検討期間不足にあるということであれば、債権者会議期日の続行について全対象債権者から同意を得ることで対応が可能であるが、他方、事業再生計画案の内容に不満があることなどを理由に不同意の意見が出たということであれば、(i)債権者会議の続行期日を設けて不同意の対象債権者の説得を続ける、(ii)不同意の対象債権者を相手方として特定調停手続を申し立て当該特定調停手続のなかで引き続き私的整理手続の成立を目指す、(iii)事業再生ＡＤＲの不成立を甘んじて受け入れ法的倒産手続等の申立てを行う、といった対応が考えられるところである。

第8章

複合型の事業再生手続

これまで、「法的倒産手続と私的整理手続」あるいは「再生型手続と清算型手続」という枠組みで日本の倒産手続を解説してきたが、事業再生の実務においては、これらを複合的に利用することで、債務者の事業の再生を図るという場合がある。その主な手法を以下では解説したい。

1 再生型法的倒産手続と清算型法的倒産手続の複合による事業再生

法的倒産手続には、再生型に分類されるもの（民事再生手続・会社更生手続）と、清算型に分類されるもの（破産手続・特別清算手続）が存在するが、これらの組合せ、特に、「民事再生手続＋破産手続」という組合せは、実務上も時折みられるところである。

民事再生手続を通じた再生の手法として、スポンサーの存在を前提としない「自力型」の再生と、スポンサーによる支援を前提とした「スポンサー型」の再生があり、また、「スポンサー型」も、さらに「増資・融資型」と「事業譲渡・会社分割型」という分類が可能であることは前述した。

このうち、自力型とスポンサー型のうち増資・融資型については、基本的に、既存の債務者企業が再生計画の認可決定確定後も引き続き事業を継続していくことを前提としている。したがって、これらの場合には、清算型法的倒産手続との複合という事態は通常は生じない。

他方、スポンサー型のうち事業譲渡・会社分割型については、債務者企業の（主要な）事業は、遅くとも再生計画の認可決定確定後、スポンサー（あるいはスポンサーが設立した新会社等）に移転されることになる。したがって、この場合、事業移転後の債務者企業にはさしたる事業は存在せず、スポンサーからの事業譲渡の代金や、不要な資産（あるいは不採算事業）と、債権者に対する多額の負債のみが残っている状態になるのが通常である。

このような債務者企業において、場合によっては、以後も民事再生手続を維持することが債権者の利益にとって適切ではない場合がある。たとえば、民事再生手続を継続するとすれば破産手続に比して費用や時間がかかり、債権者への配当率が低下する場合（すなわち、清算価値保障原則を満たすような再生計画案の策定が事実上不可能な状況が発生している場合）などがこれに当たりうる。このような場合には、事業をスポンサーに移転させた段階で民事再生手続を廃止して破産手続に移行させ、破産管財人において残存する資産等の換価・処分を行い、債権者に対する弁済・配当を行うのである。

2 私的整理手続と清算型法的倒産手続の複合による事業再生

同じく、私的整理手続の場面においても、「私的整理手続＋特別清算手続」というかたちの複合型の手続が用いられる場合がある。

つまり、私的整理手続において、事業譲渡や会社分割等の手法でスポンサーに対して必要な事業や資産・負債を移転させるスキームを採用した場合には、上記1の場合と同様、債務者企業に残るのは、不要資産や不採算事業と多額の金融債務のみ、ということになる（前述のとおり、私的整理手続は、基本的に金融債権者のみを対象とすることから、金融債務以外の負債（取引債務等）については、事業譲渡や会社分割によってスポンサーサイドに移転されていることが多い）。

この金融債務を処理すべく、債務者企業としては、特別清算手続を申し立てたうえで、残余資産や残余事業の換価・処分とこれに伴い生じた現預金の金融債権者に対する弁済・配当を行い、なお残存する債務については債権放棄を受けたうえで、企業としての幕を閉じるわけである。

3 複合型の事業再生手続に関する近時の話題 ――「濫用的会社分割」とは

複合型の事業再生手続のうち、私的整理手続と清算型法的倒産手続の複合による手法は、再生型法的倒産手続を利用することが適切でない、あるいは、再生型法的倒産手続を利用するために必要な費用を捻出する余力がない中小企業の事業再生の場面にもよくみられるところである。

しかしながら、近年、このパターンの手続が適切でないかたちで利用され、事業再生の世界ではちょっとした問題になっている。これが「濫用的会社分割」という問題である。

(1)「濫用的会社分割」の概要

濫用的会社分割の典型的な例は、金融債権者の知らない間に、債務者企業が会社分割を行い、

① 事業に必要な資産や負債（取引債務もここに含まれる）を新会社に会社分割で移転させ、

② 他方で、金融債務だけは旧会社（債務者企業）に残したうえで、

③ 旧会社（債務者企業）は特別清算手続や破産手続を申し立てることにより金融債務を処理し、

④ 事業は新会社のほうで継続する

というパターンである。金融債権者以外の債権者は、新会社において全額の弁済を受けられるのに対し、旧会社にわずかな資産とともに残された金融債権者は、満額の弁済を受けられず、特別清算手続や破産手続のなかで債権放棄を余儀なくされることになる。なお、同様の問題は、会社分割に限らず、事業譲渡や資産譲渡等を利用して行われる場合にも生じうるものであるが、実務上、会社分割を利用したスキームが多く、専門家の間でも「濫

用的会社分割」という問題として議論されることが多いことから、ここでも、「濫用的会社分割」」というタイトルで解説を続けることとしたい。

(2) 「濫用的会社分割」の問題点

上記(1)で説明した濫用的会社分割の典型的なパターンをみると、「上記2で解説した『私的整理手続＋特別清算手続』のパターンとなんら異なるところはないのではないか」と思われる方もいるかもしれない。しかしながら、濫用的会社分割は、旧会社に残される金融債権者になんらの説明もなく会社分割を行って、旧会社を抜け殻状態にしてしまうことに問題の本質がある。

たしかに、私的整理手続は、金融債権者のみを相手方とすることを原則とし、また、金融債権者のみに負担（債権放棄や弁済期の猶予等）を要請するものである。したがって、前記2の場合であっても、最終的には、濫用的会社分割を行った場合と同様、旧会社（債務者企業）には金融債務だけが残り、特別清算手続等でこの債務が処理される点には変わりはない。もっとも、本来あるべき正当な私的整理手続においては、会社分割を行って旧会社に金融債務のみを残すこと、また、その金融債務を特別清算手続等で処理することなどについて、金融債権者から同意を得たうえで行われるものである（実務上は、債務者企業が策定する事業再生計画案においてこの一連のスキーム等が示され、金融機関がこれに同意することで、私的整理手続が成立する）。金融債権者としては、そのようなスキームをとったとしても、破産手続に移行するよりは回収率が高まること（すなわち、清算価値保障原則を満たしていること）や、会社分割の対価に合理性・相当性があること、また、窮境原因をつくった債務者企業の経営陣らが一定の責任を取っていること等を種々検証したうえで、このようなスキーム（事業再生計画案）に対する同意を行うものである。よって、この「正当な私的整理手続」というプロセスを経たうえで行われる会社分割手続（そして、その後に続く特別清算手続等）においては、当該一連のスキームに対して文句をいう債権者はどこにもいないのである。

しかしながら、濫用的会社分割の場合には、この本来あるべき正当なプロセスが完全に飛ばされている点に問題があるのである。ある日突然、債務者企業から「わが社は、すでに会社分割で事業を新会社に移転しております。旧会社は特別清算手続に入ります」などといわれた金融機関の担当者としては、「たまったものではない」という感想をもつことは、想像にかたくないであろう。

(3) 「濫用的会社分割」が行われた場合の対応策

このような濫用的会社分割の出現に対し、研究者の間ではさまざまな分析がなされており、また、実務においてもすでにさまざまな対応がなされ始めているところである。すでに多くの文献が出されているところでもあるので、興味がある方はそちらをお読みいただければと思うが、主な対応策としては、①民法上の「法人格否認の法理」という理論を用いて旧会社の債権者であっても新会社へ権利行使することを可能とする方法、②民法上の「詐害行為取消権」という権利を行使して会社分割の効力を否定する方法、③破産法上の「否認権」という権利を（破産管財人において）行使して会社分割の効力を否定する方法、などが実務上ではみられるところである。

いずれの方法も、なんらの説明なく旧会社に置いていかれた債権者や、旧会社の破産管財人が、会社分割前の旧会社において存在した資産（旧会社の債権者が、従前、引当てとして見込んでいた資産）に対して権利行使をすることを可能とする手法であり、濫用的会社分割への対処法として、一定の効果を発揮している。

参考までに、濫用的会社分割に関する近時の裁判例の一部を以下にあげておくので、気が向いた方は一読されたい。

(i) 最高裁判所　平成二四年一〇月一二日判決（詐害行為取消権）

(ii) 福岡地方裁判所　平成二三年二月一七日判決（法人格否認の法理）

(iii) 福岡地方裁判所　平成二二年九月三〇日判決（破産法上の否認権）

(4) 「濫用的会社分割」を防ぐためには

このような問題が発生し始めた背景の一つには、「事業再生コンサルタント」等と自称する悪質な業者等の出現がある。「事業再生」という分野が、一つのビジネスの場として認識され始めたことそれ自体は、なんら悪いことではない。そのような場で活躍する有能なプレーヤーが多く集まれば集まるほど、本来再生してしかるべき事業の再生可能性が高まるわけであるから、このようなことはむしろ歓迎されるべきであろう。

しかしながら、不幸にも、このような場に登場する者すべてが、必ずしも「有能」あるいは「優良」であるとは限らない。なかには、窮境にあえぎ藁をもすがる思いでいる企業の経営者の耳元で「会社分割を使えば簡単に事業を再生できますよ」などと甘い声でささやき、上記のような濫用的会社分割を指導・実行して高額の報酬を取った挙げ句、行方をくらますような不埒な輩が存在するのである。債務者企業としては、その瞬間は「助かった」という思いでいるかもしれないが、後になって金融債権者らから当該濫用的会社分割を糾弾され、結局は事業全体の破綻という結果を招いてしまったという嘆かわしいエピソードも聞かれるところである。

事業再生の実現には、多くの利害関係人に多大なる負担や我慢を強いることが通常である。これまで日本における倒産手続について概説してきたが、実際の現場では、それぞれの案件に応じ、さまざまな困難や苦境が多々待ち構えているものである。窮境にあえぐ債務者企業の経営者としては、怪しげなコンサルタント等から提示される目の前の「甘い話」に飛びつく前に、一度立ち止まって考えてみる勇気をもってみてほしい。あなたの事業再生への思いを真摯に受け止め、適切な対処方法を、時には厳しく、時には優しく指導してくれる専門家は、世の中には必ず存在する。

第9章

これからの事業再生

1 金融円滑化法終了後の事業再生

(1) 倒産が続出するのではないか

二〇一三年(平成二五年)三月二四日付朝日新聞朝刊記事は、「中小5万社に倒産懸念」「借金返済先延ばしの円滑化法、月末まで」と報じている。

また、債務者企業の懸念を「銀行、態度変わるかも」と報じ、一方では「政府、融資継続訴える」とも報じている。金融円滑化法の利用状況や功罪については本書第1章1の(1)「中小支援、事業再生に軸」と同章4の(1)「中小企業金融円滑化法の功罪」のところですでに述べたところである。

金融円滑化法が終了すれば、借入金の返済を猶予されて何とか資金繰りを維持してきた中小企業は、銀行から借金返済を一斉に迫られて倒産するのではないか。その数が三〇万社から四〇万社であれば、日本はまた大不況に陥るのではないか。世間一般がこのような懸念を抱くのは当然のことかもしれない。驚いたことに倒産事件を得意とする弁護士すら、このように思っている者もいるのである。

筆者は「倒産続出」とはならないと考えている。平成の徳政令といわれた金融円滑化法はリーマン・ショックによる①「大不況対策」として②「政治的」に立法された経緯がある。「政治的」というと批判もあろうが、経済や経営の常識論を説き伏せて政治的手腕によって強引に進めた面もあるということである。

これらの経緯からすれば日本が「大不況対策」を不要としている状況にはないので、法律はなくなっても金融機関の不良債権回収を急に野放しにするわけにはいかないのである。三〇万社から四〇万社ともいわれる金融円滑化法利用企業について、再生すべき企業は再生させ、整理すべき企業は整理させ、事業譲渡や他社の支援を得べき企業はそのようにすべきなのである。しかし、これらのことを実行するにも時間が必要である。出口戦略としての「ソフトランディング」が要求され、官民あげてその対策を講じている。したがって、筆者は四月以降急に「倒産続出」とはならないと考えている。

また、「倒産続出」とはならないもう一つの理由は金融円滑化法が「政治的」に立法された側面があるということである。立法当時の政権やK大臣は経営に苦しむ中小企業にとっては神様と同じである。おかげで二〇〇九年（平成二一年）一二月以降大混乱が生じることなく推移したのである。ところで二〇一二年（平成二四年）一二月に政権が交代したが、新政権も「政治的」に「倒産続出」させるわけにはいかないのである。新政権の第一の使命は景気回復であろう。景気回復策を推進するには強力な政治体制が必要となり、そのためには各種選挙に勝たなければならない。各種選挙に勝つためには国民の支援が必要となるが、その国民は景気の回復を切望しており「倒産続出」などまったく望んでいないのである。かくして、新政権も出口戦略としての「ソフトランディング」を全力をもって実現する努力をするに相違ない。

(2)「倒産続出」防止のための政府の具体策

金融円滑化法により返済条件の変更を受けて資金繰りを維持してきた中小企業は三〇万社ないし四〇万社といわれており、政府によれば、そのうち五万社ないし六万社は倒産の危険があるとされる。対象会社を六万社と想定した場合の政府の対策は次のようなものである。①まず、対象会社六万社の半分である三万社については、金融機関がコンサルティング機能を十分に発揮して経営改善を行う。②残り三万社は金融機関と債務者企業のみで経営改善するには少々荷が重いので、第三者機関の協力を得て経営改善なりほかの必要な措置を行う。三万社のうち一万社については、全都道府県に設置されている中小企業再生支援協議会、残り二万社については認定支援機関（産活法四一条に基づき認定。二〇一三年（平成二五年）四月二六日現在八、一六五機関認定）によって経営改善なりほかの必要な措置を行う。

これらの政策が直ちに功を奏するとは考えがたい。いままで何回も返済の条件変更を繰り返してきた中小企業が四月になって金融円滑化法が期限切れとなったからといって、短期間で経営改善策を立案・実行できるものではない。したがって三年間の「暫定リスケ案」をまず作成して、この三年間のうちに抜本的な経営改善策を作成する方向を目指している。この三年間は本当に「待ったなし」である。

三年間の「暫定リスケ案」は実態としては金融円滑化法の延長と同じである。債務者企業は資金繰りに急激な変更がなくほっとしていることだろうが、それがモラルハザード（倫理観の喪失）となっては、当該企業のためにも地域経済活性化のためにもならない。

筆者がいつも疑問に思っているのは、金融円滑化法の利用企業三〇万社ないし四〇万社のうち、六万社を除いた三〇万社前後の企業はいったいどうなるのかということである。これらの企業も六万社と経営内容は五十歩百歩であり、なんらかの対策を講じなければならないのである。六万社の経営改善等の対策は、債務者企業の経営陣の必死の努力は当然のことながら、金融機関の再生担当者や中小企業再生支援協議会のプロジェクトマネージャー、サブマネージャー、認定支援機関の税理士、弁護士等の協力が不可欠である。ところがこれら事業再生の専門家の数は限られており、また養成するには時間と経験を必要とする。手が足りない、経験が足りない、時間がないなどの理由で成行きに任せる中小企業が出てくるのではないかと危惧している次第である。

2 地域社会と事業再生

(1) 人口減少と地域社会

二〇一三(平成二五年)年三月二八日付の日本経済新聞、朝日新聞各朝刊は、日本の人口減少について厚生労働省関連研究所の発表を掲載している。日本の人口数は二〇四〇年には約一億七〇〇〇万人であり、そのうち六五歳以上の高齢者の割合は各都道府県において三〇パーセントから四〇パーセントになる予測である。地方都市に行って驚くことは県庁所在地の都市を除けば街のにぎわいが感じられないことである。シャッター通りなどと市街地の衰退ぶりを表現しているが、筆者は「限界集落」という言葉を思い浮かべる。集落が成立するには一定の人口と一定の年齢構成が必要である。地域社会が活性化するにも一定の人口と年齢構成が必要であると思われる。これらの要素を確保するには雇用を確保し、増加させることが不可欠である。雇用の確保とは、地域内の企業が活性化し、増加するということにほかならない。誘致企業に期待することが困難になってきつつある現在、既存の企業を維持・拡大し、ベンチャー企業等の新規の事業を育成してゆくことが必要となる。日本全体も地域社会も人口の減少に歯止めがかかり、増加に転じることが理想ではあるが、六五歳以上の高齢者が人口全体の三〇パーセントないし四〇パーセントを占めるというのは異常である。若者の増加こそが必要なのである。

(2) 地域金融機関と事業再生

各都道府県に本店を置く第一地銀、第二地銀、信用金庫、信用組合を総称して地域金融機関と称している。これらの地域金融機関こそが中小企業の取引金融機関の中心的存在である。三〇万社ないし四〇万社といわれる中小企業に金融円滑化法による返済条件の変更を認めてきたのも主にこれらの地域金融機関である。ところで地域金融機関の経営は地域経済の縮小、衰退と連動するように厳しい状況となっている。政府は金融円滑化法の適用を受けた中小企業に対する貸付金債権は不良債権として開示しなくてもよいとしているが、実態は不良債権に変わりはなく、地域金融機関の経営を圧迫する一因に間違いないのではないか。

金融機関は高度に組織化された運営がなされ、コンプライアンスや経済合理性という基準が過剰に行動を律している感がある。このことが中小企業の事業再生に取り組む際に支障となり、債権カットを含む抜本的な再生案に非協力的であったり、いたずらに時間が経過するだけで一向に再生案がまとまらない状況をも生じさせている。つまり、リスクをとった経営判断に消極的なのである。

しかし、このような消極性は地域経済の現状と地域金融機関の宿命からして問題なきにしもあらずである。

筆者は常日頃より、地域金融機関とコーポレートガバナンス、コンプライアンス、経済合理性との関係については次のように考えている。

① 地域金融機関の営業エリアは法の規制や営業力の関係等から原則として地方の県またはその一部に限定されている（大都市周辺の地域金融機関は大都市周辺や近県も営業エリアにしている）。

② 地域金融機関の収入の大半は貸金の利息である。

③ 地域金融機関の営業エリア内の中小企業に対しては、政府系の金融機関、時にはメガバンクも低金利を武器として融資しており、融資先の取合いの競争にも発展している現象もある。

④ 地域金融機関が生き残るためには、営業エリア内の中小企業を確保しておかなければならず、また地域経済が活性化していかなければならない。

⑤ このような状況を総合勘案すれば、地域金融機関はコンプライアンスや経済合理性を考える場合は、教科書に解説してある形式的な内容を金科玉条とするのでは足りないのではないか。前記①ないし④の現状をふまえた判断、すなわち、地域の中小企業とともに生きるというある程度のリスクをとった判断、特に事業再生における融資や不良債権の処理が必要ではないかと考えるのである。逆に形式主義的なコーポレートガバナンス、コンプライアンス、経済合理性では実質的には反コーポレートガバナンス、反コン

プライアンス、反経済合理性となるのではないか。

(3) 地域経済活性化支援機構と地域再生

日本航空（JAL）やウィルコム等の再生を取り扱った「企業再生支援機構」は二〇一三年（平成二五年）三月一八日、法律が改正されて「地域経済活性化支援機構」に衣替えした。その役割は、①直接の再生支援、②地域の再生現場の強化、③地域活性化に資する支援である。①は従来の企業再生支援機構と同様であり、これが最大の役割であることに変わりがない。対象企業としては地方の中小、中堅企業が主であるが大企業も支援対象に含まれる。②の場合、ほかの再生支援機関と連携すること、再生ファンドなどに出資や融資、専門家の派遣などを行うこととなっている。③の場合、既存の事業の再生を図るばかりでは地域経済の活性化に十分に寄与することにならないので、既存会社が新事業を開始したり、事業転換を図ったりすることも支援する。また、まったく新規に地域活性化事業を行う企業に対しても専門家の派遣や出資等で支援する体制となっている。

特定の企業を再生支援するか否かの決定期限は二〇一八年（平成三〇年）三月末日までである。再生支援することとなっても大企業以外は企業名を公表しない。企業名を公表することによる事業の混乱や信用失墜を防止するねらいである。

地域経済を活性化するために、地域内に存する企業で再生を必要とする企業は再生に着手しなければならないにもかかわらず、種々の理由で抜本的な経営改善が行われていない企業も存すると思われる。そして中小企業再生支援協議会や認定支援機関による再生支援では手にあまる企業などは地域経済活性化支援機構によって迅速に事業再生を図るべきと思われる。

3 アジア進出とその問題点

大企業のみならず地方の中小企業もアジア諸国に進出する時代となった。海外進出の動機は、取引先の大企業が海外進出したからやむをえず進出する場合、コストダウンを図り競争力を維持するために進出する場合、積極的に投資する場合などさまざまである。

問題は日本の親会社が経営危機に陥ったり、あるいは倒産して事業再生を行うときに、海外の子会社の処理がネックとなる場合が多いということである。日本の親会社と海外の子会社は、資金的にも人的にもビジネス上も密接な関係がある。日本では私的整理にせよ、法的整理にせよ、整然と事業再生なり清算を行うことができる。しかし、欧米の先進国は別としてアジア諸国をはじめ発展途上国といわれる国においては、仮に倒産法が制定されていたとしても、必ずしも倒産処理が整然と行われる保証はない。特に海外に進出した企業が違法な企業運営を行っていたとすれば、その子会社を売却する場合も、清算する場合もその処理は非常に困難である。会社の売却すなわちM＆Aの場合は買収先により必ず調査（いわゆるデューデリジェンス（ＤＤ））が実施される。この調査の結果、違法な取引、違法な会計処理、脱税、贈収賄などが発見されると買収そのものが中止となる場合すらある。買収が中止とならないまでも買収までの時間と手間が相当に必要となり、当然のことながら買収価格は大幅ダウンとなる。

一方、M＆Aをあきらめて清算のうえ撤退するとしても、過去数年あるいは一〇年にも及ぶ税務調査が完了しない限りスムーズな撤退は不可能である。税務調査の結果、税金の未納や脱税が発見されると納税できない限りスムーズな撤退はできない。多くの中小企業はこの二つのどれかに苦労することとなる。

雇用している従業員を解雇する場合は、給料、退職金、保険料などの精算がきちんと行われることが大前提である。労働争議が発生しては撤退も何もない。中小企業は海外へ進出する場合は何とか進出できても、撤退する際の資金、人材、ノウハウが不足しており、日本の親会社の持株をタダ同然の価格で因果を含めて進出国の企業や個人に売却して縁を切るのが多いのである。

海外企業をM&Aで売却するにせよ、清算または進退きわまって持株を投げ売るにせよ、それが日本の親会社の事業再生に悪影響を与えないように処理しなければならない。「行きはよいよい帰りはこわい」ということは進出する際に頭の隅に入れておいたほうが賢いかもしれない。

【参考文献】

〈倒産手続全般〉

・松嶋英機／花井正志／濱田芳貴編著『企業倒産・事業再生の上手な対処法［全訂二版］』（民事法研究会）

〈法的倒産手続〉

・鹿子木康／島岡大雄編・東京地裁破産実務研究会著『破産管財の手引［増補版］』（金融財政事情研究会）
・鹿子木康編・東京地裁民事再生実務研究会著『民事再生の手引』（商事法務）
・東京地裁会社更生実務研究会編『最新実務　会社更生』（金融財政事情研究会）

〈私的整理手続〉

・藤原敬三著『実践的中小企業再生論［改訂版］「再生計画」策定の理論と実務』（金融財政事情研究会）
・事業再生実務家協会／事業再生ＡＤＲ委員会編『事業再生ＡＤＲの実践』（商事法務）

KINZAIバリュー叢書
ゼロからわかる 事業再生

平成25年7月16日　第1刷発行

編著者　松　嶋　英　機
著　者　横　山　兼太郎
発行者　倉　田　　　勲
印刷所　三松堂印刷株式会社

〒160-8520　東京都新宿区南元町19
発　行　所　一般社団法人 金融財政事情研究会
　編 集 部　TEL 03(3355)2251　FAX 03(3357)7416
販　　　売　株式会社 き　ん　ざ　い
　販売受付　TEL 03(3358)2891　FAX 03(3358)0037
　URL http://www.kinzai.jp/

ISBN978-4-322-12350-0